Feltham / Dryden · Grundregeln der Supervision

Colin Feltham / Windy Dryden

Grundregeln der Supervision

Ein Lehr- und Praxisbuch

Aus dem Englischen übersetzt von
Tina Myrdal und E. Jürgen Krauß

Deutsche Bearbeitung von E. Jürgen Krauß

Beltz Verlag · Weinheim und Basel

Colin Feltham ist Leiter des Beratungszusatzstudiums an der Universität East London. Er unterhält eine private Praxis für Beratung und Supervision in Sheffield.

Windy Dryden ist Professor für Beratung am Goldsmith College in London. Er ist Autor zahlreicher Fachbücher über Beratung, Kurz- und Psychotherapie.

Titel der Originalausgabe: Developing Counsellor Supervision.

Lektorat: Richard Grübling

www.beltz.de
Herstellung: Lore Amann
Satz: Mediapartner Satz und Repro, Hemsbach
Druck: Druckhaus Beltz, Hemsbach
Umschlaggestaltung: Federico Luci, Köln
Umschlagfoto: Corbis Stock Market, Düsseldorf
Printed in Germany

ISBN 3-407-55859-7

Inhaltsverzeichnis

Vorwort

Supervision ist eine Dienstleistung, die vor allem dem Klienten zugute kommen soll. Das Verdienst der vorliegenden Publikation ist es, diese Absicht und Zielsetzung der Beratungsmethode Supervision in den Mittelpunkt gestellt zu haben. Die Art und Weise, in der das geschieht, ist – das sei sogleich verraten – der Grund, warum dieses Buch dem erfahrenen Supervisor ebenso empfohlen werden kann, wie dem Berufsneuling bzw. dem Klienten als Nutznießer des Verfahrens.

Die Autoren wollen keine generelle theoretische Verortung der Supervision leisten, wohl aber praxisnah den zentralen Fragen ihrer Anwendung nachgehen. Eine Absicht, die voll und ganz gelungen ist.

Ob es beim Kontraktgespräch darauf ankommt, dass insbesondere der Supervisand weiß, worauf er sich einlässt, ob es um die leitenden ethischen Standards geht, die Grenze zwischen Therapie, Beratung und Supervision, immer erhält man eine gute Orientierung – in der dann auch die theoretische Verortung durchschimmert – die vor allem dem Neuling die Beschränkung auf das Wesentliche erlaubt und seine Handlungsfähigkeit unterstützt. Supervision ist ein hochkomplexes Geschehen. Die Bedürfnisse des Klienten(systems) des Falles müssen zutreffend theoretisch verortet und problemlösend oder zumindest problembegrenzend durch das angemessene methodische Vorgehen in unmittelbarer Interaktion zwischen Supervisor und Supervisanden integriert werden. Hier drohen latente Überforderungen ebenso, wie die Gefahr theoretisch-methodisch fallinkompatibler Vorlieben oder blinder Flecke.

Dem können die vorgelegten dreißig programmatischen Kapitel trefflich Abhilfe schaffen. In aller Regel leisten sie ein Doppeltes: einerseits eine aufs Wesentliche beschränkte, aber ausreichende Beschreibung dessen, worum es jeweils geht, und andererseits eine Anleitung oder Beispiele, wie man das in Frage stehende Thema, Problem bearbeiten kann. Dabei erweisen sich vor allem die Gegenüberstellungen von gelungenen und misslungenen Interventionen als hilfreich: Sie verdeutlichen anschaulich, warum was geht und warum nicht.

Natürlich fühlt sich in erster Linie der Berufsnovize von diesem Buch angesprochen und unterstützt. Es sei aber auch dem erfahrenen Praktiker empfohlen, da es auf eindringliche, wenn auch unaufdringliche Art und Weise deutlich macht, mit welchen Fragen Basisprofessionelle bzw. diejenigen befasst sind, die die Supervision erst noch erlernen. Die meisten Kapitel können vom Meister der Profession Erfolg versprechend unter der Perspektive gelesen werden, was man alles tun kann, die Lernchancen der Supervisanden zu erhöhen und – bei aller Unterschiedlichkeit der Interventionskonzepte – einen partnerschaftlichen Dialog zu gestalten.

Die aktuelle deutsche supervisorische Diskussion zentriert sich stark auf die Etablierung der Profession, ihre Marktfähigkeit sowie – wieder einmal – auf methodische Hegemonieansprüche. Die vorliegende Publikation könnte mit ihrem anderen Schwerpunkt jenen Themen zu mehr Aufmerksamkeit verhelfen, die uns nicht neu sind, die aber etwas an den Rand gedrängt erscheinen: die Pflicht der Supervision, sich in ihrem professionellen Handeln an den Bedürfnissen der Klienten(systeme) zu orientieren, die Professionellen dabei zu unterstützen, ihre berufliche Identität zu stabilisieren, sich dabei an veröffentlichten und konsentierten ethischen Standards zu orientieren und einen möglichst transparenten, methodisch nachvollziehbaren Lernprozess unter Erwachsenen zu etablieren.

Da es sich bei all diesen Zielen um solche handelt, die man teilen und mittragen kann, sei dem Buch eine große Käufer- und Leserschar gegönnt.

Kassel, im Januar 2001 *Prof. Dr. Lothar Nellessen*

Einführung

Ebenso wie seine Begleitbände[1] ist dieses Buch primär an berufserfahrene Praktiker der Supervision gerichtet. Es ist jedoch auch für Supervisionsstudenten gedacht, damit sie einen Begriff von Supervision erhalten, und für Berater[2], die Supervisoren werden möchten. Nicht nur Supervisoren am Anfang ihrer Praxis, sondern auch erfahrene Supervisoren werden hoffentlich bestimmte Aspekte dieses Buches hilfreich und nützlich finden. Wir vermuten, dass die Leser unterschiedliche theoretische Orientierungen haben, in verschiedenen Arbeitsformen und Settings arbeiten und somit einer Palette von Einflüssen und Forderungen unterworfen sind. Dieses Buch bezieht sich hauptsächlich auf Einzelsupervision, allerdings enthält es auch Hinweise für Gruppensupervision und Intervision[3] sowie Paar- und Gruppenberatung.

Supervision für Berater erfährt in letzter Zeit zunehmend Beachtung. Obwohl praktizierenden Beratern die professionelle und ethische Notwendigkeit schon lange bekannt war, wurde Supervision in Großbritannien weder ausreichend untersucht und verstanden, noch in Ausbildungskursen adäquat präsentiert. Bisher ist relativ wenig Literatur und Ausbildungsmaterial erschienen, obwohl die wenigen Beiträge (vgl. z.B. Mattison 1975; Inskipp/Proctor 1989; Hawkins/Shohet 1989) hilfreich sind. Die britische Beraterausbildung unterliegt historisch im Wesentlichen psychoanalytischen und personzentrierten[4] Einflüssen und Traditionen. Die Supervisionsliteratur spiegelt diese wider. Mit diesem Buch wollen wir zwischen eklektischen, integrativen und kognitiven Verhaltensorientierungen, die in Großbritannien stetig an Boden gewinnen, ein Gleichgewicht herstellen.

Umfassende amerikanische Darstellungen der Supervisionstherorie und -praxis sind bei Hess (1980), Bradley (1989) und Bernard/Goodyear (1992) zu finden. Eine hervorragend präzise Untersuchung und Aufzeichnung der Geschichte der Supervision bietet Holloway (1992).

1 S. dazu die Nachweise im Literaturverzeichnis. Sie liegen jedoch nicht in Deutsch vor.

2 Der Terminus *counsellor* wurde durchweg mit *Berater* bzw. *Beraterin* übersetzt, die im Zusammenhang dieses Buches immer identisch mit den *Supervisanden* sind, welche also supervisiert werden. Die Berater, um die es hier geht, sind im *sozialtherapeutischen* Feld tätig; dennoch lassen sich die praktischen Tipps für die Supervision sozialberuflich Tätiger generalisieren. Die Verfasser schreiben im Original immer korrekt die männliche und die weibliche Form, wegen der Lesbarkeit wird dies hier nicht konsequent übernommen.

3 Im Original wird der Begriff *peersupervision* verwendet, dem in Deutschland der Begriff *Kollegialberatung* entspricht. Vgl. ausführliche Anmerkung auf S. 46.

4 Eine umfassende Darstellung der personzentrierten Beratung bei Klaus Sander (1999).

Dieses Buches will eine Vielzahl praktischer supervisorischer Herangehensweisen anbieten, die verschiedenen Beratungsmodellen entnommen wurden, damit die Leser sie vergleichen, anwenden und eklektisch reflektieren können. Im Anhang sind ausgewählte Texte dokumentiert, die wir selbst als Supervisoren hilfreich fanden. Zusätzlich bieten wir umfangreiche Literaturhinweise zur Supervision.

Gleich am Anfang ist es wichtig zu klären, was Supervision ist und was nicht und warum sie von der britischen Vereinigung für Beratung als »sine qua non« des praktizierenden Beraters gesehen wird. Leider wird mit dem Begriff Supervision auch Fachaufsicht und Kontrolle bezeichnet, also Misstrauen und Zwang des Arbeitgebers gegenüber dem Arbeitnehmer. Dies ist jedoch weit entfernt von einem Supervisionsverständnis professioneller, reflektierender und unterstützender Hilfe für Berater. Supervision setzt die ernste, ethische Dimension des Klientenschutzes gegenüber Missbrauch durch den Berater voraus, aber grundsätzlich zielt sie auf die Unterstützung und Verstärkung der professionellen Entwicklung des Beraters ab. Von der Ausbildungssupervision der neuen Berater bis zum kollegialen Austausch erfahrener Praktiker widmet sich die Supervision dem Klienten durch gezielte Förderung der Berater. Supervision fokussiert immer und letztendlich auf die Förderung des Klienten; die Erforschung der Gefühle des Beraters und des Supervisors sowie der interpersonellen Dynamik dient diesem Ziel.

Als Erstes müssen Supervisoren lernen, Supervision und Beratung zu unterscheiden. Jeder Supervisor erlebt vielleicht seine erste Sitzung als aufreibend; diese Erfahrung wird kaum durch vorbereitende Rollenspiele erleichtert oder verhindert werden können. Supervision wiederholt in mancher Hinsicht die aus erster Hand gemachten Lernerfahrungen der Beratungsanfänger. Manchmal wirkt Supervision am Anfang wie eine etwas entrückte Beratung, in welcher der Supervisor dem Berater hilft, dem anfänglich distanzierten Klienten zu helfen. An die neue Rollenbeziehung zwischen Berater und abwesendem Klienten muss man sich erst gewöhnen, sodass erste supervisorische Schritte unbeholfen wirken können. Gerade wegen dieser vorprogrammierten Unsicherheit ist es verständlich, dass der Anfänger sich plötzlich dabei ertappt, den Supervisanden zu »beraten«. Eine weitere Unsicherheit oder Gefahr besteht in der Imitation des eigenen Lehrsupervisors. Wir wollen mit diesen Hinweisen verdeutlichen, dass weder das Literaturstudium noch die Ausbildungskurse den manchmal schmerzlichen eigenen Lernprozess mit dem Supervisanden ersetzen können.

Wir hoffen, dass dieses schmale Buch zur Weiterentwicklung der Supervision für Berater in ihren vielfältigen Settings hilfreich sein kann, um den Nutzen für die Klienten zu erhöhen. In der Zukunft erwarten wir die Entstehung interessanter Entwicklungen im Beratungsbereich; z.B. Beratungsangebote für Arbeitnehmerförderungsprogramme oder im Bereich ärztlicher Allgemeinpraxen, um dort die Effektivität und Verantwortung zu erhöhen. Möglicherweise entstehen dabei für Supervisoren und Ausbilder neue, größere Arbeitsfelder.

Ein Supervisionsbündnis herstellen

1. Vergleichen Sie Ihre Supervisionsvorstellungen und schließen Sie einen für beide Seiten akzeptablen Kontrakt

Wahrscheinlich sind Berater, die bei Ihnen auf Honorarbasis Supervision anfragen, besser über die notwendigen Geschäftsbedingungen informiert als ein Klient, der einen Berater sucht. Berater ohne Supervisionserfahrung sind häufig verwirrt. Man sagte ihnen zwar, dass sie Supervision nehmen müssten, sie selbst wissen aber nicht genau, warum. Dies erscheint überraschend, es ist jedoch weit verbreitet. Deshalb sollte jede Ausbildung von Beratern sinnvollerweise Hinweise über den Sinn, die Funktion und die Notwendigkeit von Supervision enthalten. Auf diesem Hintergrund ist die Klärung des Verständnisses der angehenden Supervisanden über den Begriff Supervision von fundamentaler Wichtigkeit.

Falls Sie eine Ausbildungsgruppe supervisieren, z.B. eine kleine Gruppe im Anfangsstadium, werden ihre Supervisanden vielleicht keine Fragen zu Form und Inhalt stellen, auch kein Recht dazu empfinden, weil sie keine Wahl hatten, es war eine »Pflichtveranstaltung« für sie. In dieser Situation erleben die Supervisanden wenig Verhandlungsspielraum. Trotzdem ist es notwendig, ihr Supervisionsverständnis kennen zu lernen und zu erfahren, was sie lernen wollen. Egal welche Einschränkungen bestehen, es soll immer Raum (wenn nicht gar – nach Bordin 1983 – die Pflicht) zu Diskussion und Verhandlung geben. Es ist eine schlechte Praxis, Ausnahmen zu machen, ohne Klarstellungen fortzufahren und so die Eigenkräfte der Supervisanden zu untergraben.

Wenn Sie in einer Institution supervisieren haben die Berater in diesem Setting möglicherweise keine Alternative, egal, ob sie freiwillig oder auf Anordnung teilnehmen. Diese Einschränkung bezieht sich nicht nur auf Sie als Person, sondern sie müssen Ihren Stil, Ihre theoretische Orientierung und Ihre Einstellung zur Organisation erst einmal hinnehmen. Auch in diesem Fall muss Raum für Begriffsklärung, Diskussion und Verhandlung gegeben werden. Wir gehen davon aus, dass alle Supervisoren die Wichtigkeit erwachsener gleichwertiger Kontraktgespräche begreifen. Wie auch immer Ihre Rolle und Aufgabe gegenüber den Supervisanden definiert wird, eine produktive supervisorische Beziehung kann sich nicht angesichts einer autoritativen Haltung entwickeln (s. Kap. 4, wegen unterschiedlicher Supervisandenhaltungen in verschiedenen Ausbildungsphasen, vgl. auch Fisher 1989). Eine Ihrer ersten Fragen sollte lauten: »Was wissen Sie über Supervision?« Man kann diese Einleitung mit weiteren Fragen ausbauen, z.B. über bisherige Supervisionserfahrungen, Kenntnisse aufgrund von Literatur sowie Fantasien über und Erwartungen an die Supervision. Diese Fragen beziehen sich auf Beratungsanfänger. Je weniger Vorerfahrungen der Supervisand hat, desto intensiver sollte die Diskussion und Auseinandersetzung über grundsätzliche Themen sein. Akzeptieren Sie keine oberflächlichen Versicherungen zum Verständnis von Supervision, wenn Sie vermuten, dass der Supervisand seine Unkenntnis damit verdeckt. Es kann sogar sinnvoll sein, eine oder sogar zwei Sitzungen zur Erläuterung und über den Nutzen von Supervision anzusetzen. Es kann außerdem hilfreich sein, Kassetten zum Thema »Supervisiert werden« zu hören (Inskipp/Proctor 1989), die die Grundfragen untersuchen. Horton (1993) bietet eine sinnvolle Anleitung zur Vorstellung von Fällen in der Supervision (s. Anlage 1).

Je nach Dauer der eigenen Supervisionspraxis ist Ihnen die Erinnerung an Ihre eigenen Ängste als Berufsanfänger während der ersten Supervisionssitzung mehr oder weniger präsent. Skovholt/Ronnestad (1992a) sprechen von »unterschwelligen Ängsten«, die Berufsanfänger durch zur Schau getragene Selbstsicherheit zu verschleiern suchen. Da sie zusätzlich in Ihnen eine uneingeschränkte Autorität sehen, stellen sie nicht jene Fragen, die am dringendsten beantwortet werden sollten. Durch Erläuterung des eigenen Supervisionsverständnisses, der eigenen Erfahrungen, theoretischen Orientierungen und bevorzugter supervisorischen Foki [1]begegnet man diesem Problem und regt gleichzeitig Fragen an. Zu diesem Zeitpunkt sollten weitere Kontraktthemen wie Honorar, Ausfallregelungen, Sitzungshäufigkeit, Schweigepflicht usw. besprochen werden. Anfänger sollten damit nicht überschüttet werden, aber sie müssen in der ersten Sitzung zur Sprache kommen. Weitere Probleme, die erst während der Zusammenarbeit auftauchen (z.B. die Benutzung von Tonbandgerät oder fehlende Feldkompetenz des Supervisors) müssen offen und ehrlich während des Supervisionsprozesses behandelt werden.

Vor allem Berufsanfänger, die in Behörden tätig sind, haben unterschwellige Ängste über eine Vermischung von Supervision mit der dienstlichen Beurteilung, zumal sie Ihre Verantwortung gegenüber der Organisation spüren. Der Begriff der »nachlässigen bzw. fahrlässigen Supervision« ist in Großbritannien noch kein Thema. In den USA allerdings können Supervisoren für die Fehlleistungen ihres Supervisanden stellvertretend belangt werden. Falls Sie in dieser Hinsicht von einer besonderen Verantwortung für Ihre Supervisanden ausgehen, müssen Sie dies zu Beginn der Supervision klären. Unklares Verhalten des Supervisors kann die Ängstlichkeit der Supervisanden erhöhen (s. dazu auch Kap. 2 und 28).

Vor dem Abschluss eines Kontraktes mit dem Supervisanden sollten gegenseitig die notwendigen Fragen zur Person und Arbeit geklärt werden; dies gilt auch gegenüber Ausbildungsleitern, die Sie um Supervision für ihre Ausbildungskurse bitten. Sie müssen sicher sein, dass bei Einzel- oder Gruppensupervision Ihre eigenen ethi-

1 Der supervisorische Fokus bezeichnet jene Sachverhalte, die je nach theoretischer Orientierung und Prozessverlauf vom Supervisor zum jeweiligen Brennpunkt der Reflexion gemacht werden. Die weiteren Kapitel geben dazu viele Beispiele.

schen und praktischen Standards gewahrt werden. Ergänzende Informationen können abgefragt werden, z.B. über welche klinischen Erfahrungen Ihr neuer Supervisand verfügt, welche Ausbildungsebene er erreicht hat, über welche unterstützenden Netzwerke sie oder er außer Ihnen verfügt und mit welchen Klienten er oder sie arbeitet. Diese Themen gehören zum Erstgespräch und in die ersten Sitzungen. Da diese Informationen zunächst nicht abstrakt zu vermitteln sind, könnte der Supervisand in der ersten Sitzung kurz einen Fall beschreiben. Anhand der Beschreibung und Diskussion des Falls werden Sie sich über Bedürfnisse, Fähigkeiten und Arbeitsweisen austauschen können.

Berater, die plötzlich bei der Arbeit Schwierigkeiten erleben oder seit längerem ohne Supervision waren, neigen dazu, Supervisoren unter Druck zu setzen, um sofort anfangen zu können. Bestehen Sie dennoch darauf, dass im ersten Treffen der notwendige Kontrakt geschlossen wird sowie die Definition und das Verständnis von Supervision gemeinsam erarbeitet werden. Auf dieser Grundlage ist ein Arbeitsbündnis zu formulieren. Nach Proctor (1987) ist ein kooperatives Bündnis erreicht, wenn es auf Verständigung über die Verantwortlichkeit für die Effektivität des Beraters, die Eigenverantwortung des Beraters, die Verantwortung des Supervisors und die Bereitschaft beider, ihre jeweiligen Fähigkeiten zu erhalten und zu entwickeln, basiert.

Die Übereinstimmungsformalitäten können variieren, aber beiderseitige Aussagen über eigenständige und gemeinsame Verantwortung und Bedürfnisse müssen klar sein. Der Supervisor erklärt sich bereit, die professionelle Sicherheit zu erhöhen, Denkanstöße zu geben, Herausforderungen und fachliche Kompetenz anzubieten; der Supervisand verpflichtet sich, wesentliches Arbeitsmaterial bzw. Falldarstellungen einzubringen und für Feedback und Herausforderungen offen zu sein. Diese Übereinstimmungen sollten von Zeit zu Zeit im Lichte der Erfahrung überprüft bzw. geändert werden. Kontrakte zwischen sehr erfahrenen Supervisoren und Supervisanden können andere Themen beinhalten, müssen jedoch die gleiche Klarheit und Professionalität aufweisen.

Merksatz:

Alle wesentlichen Themen und Probleme der eigenen Erfahrung und der des Supervisanden, der aktuellen Arbeit sowie der supervisorischen Bedürfnisse sollen erfasst und diskutiert werden. Vereinbaren Sie gemeinsam vor Aufnahme der Supervision einen Kontrakt.

2. Diskutieren und erkunden Sie die Aufgaben, die im »Code of Ethics and Practice for the Supervision of Counsellors« der British Association for Counselling (BAC) enthalten sind[1]

Supervisoren haben nicht notwendig den gleichen Tätigkeitshintergrund wie ihre Supervisanden (viele sind z.B. Psychotherapeuten oder klinische Psychologen) und gehören daher nicht der Britischen Vereinigung für Berater (BAC) an. Dennoch sollten alle Supervisoren professionellen berufsethischen Regeln verpflichtet sein, die mit den Grundlagen qualitätsvoller Praxis Sozialer Arbeit übereinstimmen. Wir empfehlen deshalb die gemeinsame Erörterung der BAC-Regeln (vgl. Anlage 2). Sie können nicht davon ausgehen, dass Supervisanden damit vertraut sind oder dass diese mit den Regeln für Berater identisch sind, und sollten den Inhalt prüfen. Manchmal existieren über Supervision viele informelle unausgesprochene Annahmen, z.B. sie sei nur eine leere Formalität, sie sei ganz anders als Beratung, viel weniger intensiv, intellektueller und kollegialer usw. Die gemeinsame Betrachtung der BAC-Regeln ist eine Methode, um Klarheit über die gegenseitigen Vermutungen und die Leistungsfähigkeit von Supervision zu erreichen.

Wir werden im Kapitel 3 auf die Unterschiede zwischen Supervision, Ausbildung und personenbezogener Therapie und in Kapitel 6 auf weitere Grenzthemen näher eingehen. An dieser Stelle wollen wir einigen Beispielen ethischer und professioneller Fragen von Supervisoren nachgehen. Zum Beispiel wird die »Schweigepflicht« meist vorausgesetzt, ohne die spezifischen Parameter zu berücksichtigen. Wie auch in der Beratung sollen sie genau besprochen werden. Die Supervisionsbeziehung ist normalerweise vertraulich (außer bei der Anwendung weiter gefasster Grenzen in Gruppensupervision), aber es gibt einige Einschränkungen. Welche sind dies?

- Der Supervisor benötigt für seine eigene Supervision oder Lehrsupervision der Supervision bestimmtes Material aus seiner Supervisorentätigkeit.
- Der Supervisor hat Verantwortung für die Kompetenzkontrolle und ethische Praxis der Supervisanden und ist berechtigt, in bestimmten Fällen Dritte zu informieren (z.B. wenn Gefahr durch einen Supervisanden gegen andere oder gegen sich selbst besteht).
- Der Supervisor forscht, ist als Autor tätig oder bewirbt sich für die Anerkennung als Supervisor und benötigt das Einverständnis des Supervisanden, um Tonbandaufnahmen und anderes Material vorzulegen.

1 Dieser Code wird im weiteren Text als BAC-Regeln bezeichnet. In Deutschland liegen Regeln für Soziale Berufe vor: DBSH (Deutscher Berufsverband für Sozialarbeit, Sozialpädagogik und Heilpädagogik e.V.): Professionell handeln auf ethischen Grundlagen. Berufsethische Prinzipien des DBSH, Essen o. J. (1997), s. auch www.dbsh.de.; allerdings sind dort keine speziellen Verhaltensanweisungen für Supervisoren enthalten. Die DGSv (Deutsche Gesellschaft für Supervision) hat eine *sehr* knappe Berufsordnung beschlossen. Die Kommission der DGSv »Ethik und Berufsordnung« arbeitet seit längerem zu den anstehenden Fragen, legte aber bisher keine Ethikregeln vor; s. auch www.dgsv.de.

- Der Supervisor arbeitet mit einer Gruppe innerhalb der Ausbildung und soll formell dem Kursleiter über den Fortschritt seiner Supervisanden berichten.

Die zwei ersten Beispiele gehören in den Bereich der ethischen Erfordernisse an Berater und Supervisoren. Trotzdem ist es hilfreich vorab zu klären, ob Sie vorhaben, die Namen der Supervisanden in den eigenen Lehrsupervisionen zu nennen, und ob Sie die Anonymität der Klienten garantieren können. Es ist auch hilfreich, eingehend darüber zu diskutieren, was »Gefahr für sich und andere« ist, da Supervisanden am Anfang häufig unter starkem Angstdruck stehen. Der Aufmerksamkeit gegenüber Kompetenz und Integrität muss bei professioneller Beratung hohe Bedeutung beigemessen werden. Offensichtliche Beispiele für »Gefahr« in der Beratung sind sexueller, finanzieller oder emotionaler Missbrauch sowie eindeutige Fahrlässigkeit. Berater können durch Inkompetenz oder gestörte geistige Gesundheit gefährlich werden. Diese Themen sowie die eventuell notwendigen Schritte soll man mit dem Supervisanden offen besprechen (z.B. eine eigene Therapie, Beendigung der Beratung mit einem Klienten oder völliger Rückzug aus der Beratungstätigkeit). Sollte sich der Supervisand nötigen Konsequenzen verweigern, haben Sie das Recht und die Pflicht, unabhängig von ihm Schritte einzuleiten. Dabei kann es sich um ein Gespräch mit dem Vorgesetzten des Supervisanden oder seinen Kollegen sowie mit der BAC oder einer anderen Fachorganisation, welcher der Supervisand angehört, handeln.

Der dritte Punkt über die Bereiche Forschung, Veröffentlichung und Supervisionsanerkennung ist leichter offen verhandelbar. Die Supervisanden sollten zustimmen, dass Sie Informationen über sie verwenden dürfen. Der letzte Punkt ist strittiger. Supervisieren Sie Studenten in einer Gruppe und ein Teil Ihrer Aufgabe ist die Bewertung und mündliche Berichterstattung über sie, dann ist es eine klar definierte Aufgabe, die den Studenten mitgeteilt werden soll. Sie werden es nicht gut finden, aber sie wissen, dass dies Teil ihrer Ausbildung ist. Bei manchen Kursen wird explizit erklärt, dass Supervision vertraulich behandelt wird und dass keine Bewertung stattfindet. Manchmal ist die Situation nicht so klar. Supervisoren werden informell nach Feedback über Fortschritte der Studenten gefragt oder Sie begegnen ernsthaften und dringend zu behandelnden Dilemmata bei bestimmten Supervisanden, die Sie mit anderen Tutoren besprechen möchten. Man kann nicht alle Probleme im Voraus erkennen, daher sollten als Leitprinzip Klarheit, Ehrlichkeit und Übereinstimmung angestrebt werden.

Wie ist es mit der Vertraulichkeit im umgekehrten Fall? Wenn Sie als Supervisor in der Supervision von sich oder über andere Klienten sprechen, um dem Supervisanden zu helfen, sollen dann diese Informationen vertraulich sein? Gibt es unausgesprochene Graubereiche, die durch Vertrauen abgesichert sind? Dürfen wir z.B. in der eigenen Therapie über unsere Fälle reden? Wenn wir vereinbaren, dass wir Konsultatoren heranziehen dürfen, wer genau sind diese? Hier muss eine Bewertung zwischen Unklarheit und zwanghafter Korrektheit getroffen werden.

Kapitel 28 behandelt mögliche Formen von offensichtlichem und subtilem Missbrauch bei der Beratung. Gegenwärtig wird oft über die Häufigkeit und die Unakzeptanz sexueller Kontakte zwischen Beratern und Klienten diskutiert (Rutter 1990; Russel 1993), aber Sexualität zwischen Supervisoren und Supervisanden ist kaum ein Thema. Die BAC-Regeln bestimmen, dass »... klare Grenzen zwischen Arbeitsverhältnis und Freundschaft oder anderen Beziehungen ...« bestehen sollen und dass Supervisoren »... diese [supervisorische] Beziehung nicht ausbeuten sollen.« Im Allgemeinen bedeutet dies, dass die Arbeitsbeziehung nicht in einer sexuellen Verbindung enden soll, egal ob sie kollegial oder freundschaftlich ist, analog zu den Vorstellungen über Grenzen der Beziehung in Beratungen. Es gibt Indizien dafür, dass dieses Tabu in Supervisionsbeziehungen nicht so eng gesehen wird wie in Beratungsbeziehungen. Bei einer intensiven Erörterung der BAC-Regeln sollte man diese Fragen klären, damit sie nicht die Effektivität von Supervision beeinträchtigen. Es kann praktisch sein, dem Supervisanden die Regeln nach der ersten Sitzung zur Lektüre mitzugeben, damit in der zweiten Sitzung offene Fragen geklärt werden können.

Merksatz:

Machen Sie die Supervisanden mit den »Regeln zu Ethik und Praxis für die Supervision von Beratern der British Association for Counselling« (BAC-Regeln) bekannt und diskutieren Sie so weit möglich, welchen Einfluss dies nach Ihrem Verständnis auf den Kontrakt hat.

3. Diskutieren und klären Sie die Grenzen zwischen Supervision, personenbezogener Therapie und Ausbildung

Die »BAC-Regeln zu Ethik und Praxis für die Supervision von Beratern« legen fest, dass Supervision nicht primär auf die Ausbildung oder persönliche Beratung des Beraters bezogen ist. Hauptaufgabe des Supervisors ist die Beaufsichtigung der Arbeit des Beraters mit dem Klienten; der Supervisor sollte auf keinen Fall absichtlich oder unabsichtlich der Berater des Beraters werden. Der Supervisionsprozess enthält allerdings unausweichlich Elemente von Ausbildung und sogar personenbezogener Therapie. Die Grenzen dieser Bereiche werden diskutiert, da sie nicht universell akzeptiert werden. Zum Beispiel vermischt die psychoanalytische Tradition der Lehranalyse zu einem gewissen Grad die Ausbildung mit persönlich-therapeutischen Elementen. Die personenzentrierte Tradition betont, dass sich die reale Klient-Berater-Beziehung in der realen Supervisanden-Supervisoren-Beziehung spiegelt. In der rational-emotiven Verhaltenstherapie kann Supervision gelegentlich lehrende Anteile beinhalten, die wiederum mit der eigenen Ausbildung oder Therapie verknüpft werden (Wessler/Ellis 1980). Wir vertreten grundsätzlich die Meinung, dass aus Supervision keine Beratung des Supervisanden werden darf. Aber es ist vorteilhaft, Zeichen persönlicher Verwirrung oder Sorge des Supervisanden beispielhaft aufzunehmen und sich damit auseinander zu setzen.

Kritiker der Professionalisierung von Beratung argumentieren, dass die Differenzierungen zwischen Beratung, Supervision und Ausbildung (einschließlich Beratungsverhalten, Rat, Akzeptanz und Psychotherapie) weniger den Klienteninteressen dienen, sondern der professionellen Elite, die Außenstehende ausgrenzen und Arbeitsstellen für Insider schaffen will (Howard 1992). Diese Kritik sollte nicht leichtfertig abgetan werden; Supervisoren und Ausbilder sollten ihre Rollen ernsthaft überdenken, statt die übliche Praxis unkritisch zu übernehmen. An dieser Stelle wollen wir allerdings die positiven Aspekte der Unterscheidung zwischen Supervision, personenbezogener Therapie und Ausbildung behandeln.

Supervision und personenbezogene Therapie

Zweifelsohne geraten Berater bei ihrer Arbeit mit Klienten gelegentlich – wenn nicht häufig – in Schwierigkeiten oder Sackgassen, oder sie wiederholen Probleme und blinde Flecken, weil in ihrer eigenen Biografie oder Persönlichkeit Reste ungeklärter und ungelöster Probleme oder Konflikte bestehen. Es kann sich um charakterliche Probleme handeln, die einer längeren und intensiveren Behandlung bedürfen; es kann um Einzelprobleme gehen, die aus spezifischen Interventionen Nutzen ziehen; oder Stress auslösende Ereignisse behindern die Arbeitseffektivität. Solche Probleme können während der Supervision anlässlich direkter Gegenübertragung auftauchen oder werden nur allmählich als subtile Verhaltensmuster im Zuge der Supervision erkannt. Das Kernproblem ist die Entscheidung über den Umgang mit dem persönlichen Material des Supervisanden. Wir werden einige Beispiele näher betrachten (es handelt sich um anonymisierte Materialkombinationen aus aktuellen Supervisionen) und zu jedem Fall Fragen stellen, die die Reflexion anregen.

> Nigel, ein frisch gebackener Berater, leidet häufig an der Zusammenarbeit mit seinen Klienten. Der Supervisor erlebt ihn als einen übertrieben ängstlichen, perfektionistischen Menschen, der glaubt, wenn er nur besser mit den Klienten umginge, würden sie schnellere Fortschritte machen. Der Supervisor vermutet, dass Nigel professioneller ist, als er selbst glaubt, und dass die meisten seiner Klienten von der Beratung profitieren. Die Beratungssituation wird für Nigel so lange stressig bleiben, bis er seine eigenen Versagensängste bearbeitet. Bis dahin wird er möglicherweise seine Klienten die Sorge über seine angebliche Unzulänglichkeit fühlen lassen. Sollte der Supervisor Nigel ermuntern oder gar darauf insistieren, sich erneut in eine bestimmte Therapie zu begeben; ihm klären helfen, dass seine Angst nur in Beziehung zu bestimmten Klienten auftritt; oder ihm verstehen helfen, dass er mit einigen Klienten besser arbeiten kann als mit anderen?

Sarah ist eine erfahrene Beraterin, deren Kompetenz für den Supervisor außer Frage steht. Während der Sitzungen bespricht sie zunehmend Ereignisse aus ihrem eigenen Leben. Sie hat sich vor kurzem von ihrem Partner getrennt und hat finanzielle Probleme. Diese Schwierigkeiten scheinen ihre Arbeit nicht zu beeinflussen, aber zunehmend wird klar, dass sie indirekt um Hilfe bei der persönlichen Problembewältigung bittet. Sie als Supervisor empfinden Verständnis für ihre Situation und es ist offensichtlich, dass Sarah zu diesem Zeitpunkt eine zusätzliche Therapie nicht bezahlen kann. Werden Sie stillschweigend erlauben, dass sie innerhalb der Supervision ihre Probleme bespricht; ihr explizit erklären, dass Sie bereit sind, ihr eine gewisse Zeit für diese Anliegen zu widmen; werden Sie Sarah auffordern, eine Therapie zu beginnen, nach dem Motto: »Wenn Sie sie dringend brauchen, werden Sie Geld dafür aufbringen können«; oder werden Sie darauf bestehen, dass ihre persönlichen Probleme nicht mehr in der Sitzung besprochen werden?

Diese beiden Fallbeispiele verdeutlichen einige der Dilemmata von Supervisoren gegenüber Supervisanden mit persönlichen Probleme und eventuellem Therapiebedarf. Wir intervenieren in solchen Fällen direkt, solange eine kurzfristige, pragmatische Beratung helfen kann. Wenn sich dies hinzieht und Klientenbelange verdrängt werden oder längerfristig die Arbeitsfähigkeit behindert wird, sollte der Supervisor auf die Notwendigkeit einer Therapie hinweisen. Vielleicht begegnen Sie einem Supervisanden, der schon Therapie in Anspruch nimmt und trotzdem eindeutig persönliche Beschränkungen aufweist: Würden Sie dem Supervisanden nahe legen, einen anderen Therapeuten zu suchen? Einige Berater modellieren sich anfangs nach ihren Lehrsupervisoren oder Therapeuten derart, dass sie keinen eigenen Stil entwickeln. Durch ihre begrenzten Interventionsmöglichkeiten schmälern sie ihren Nutzen für die Klienten. Die Crux der Supervisions-Berater-Beziehung ist folgende: Der Supervisor muss sich entscheiden, wie viel und welche Unterstützung für den Supervisanden notwendig oder zu verweigern ist, um die Interessen der Klienten zu fördern. Es kann verführerisch sein, wenn Sie in der Zusammenarbeit mit dem Supervisanden etwas entdecken, das sie selbst durch klare Beratung und Intervention beheben könnten; aber wie beeinflusst dies künftig die supervisorische Beziehung? Besprechen Sie diese Frage mit dem Supvervisanden.

Supervision und Ausbildung

Oft besteht während der Ausbildungskurse eine enge Beziehung zwischen der Lehrsupervision (ob einzeln oder in Gruppen) und anderen Ausbildungskomponenten. Wenn Studierende beginnen, mit Klienten zusammenzuarbeiten, sorgen sie sich um die adäquate Umsetzung theoretischer Anteile und praktischer Fertigkeiten in die Praxis. Hier wird Hilfe benötigt, meist im Sinne eines Mentors oder Lehrers. Brammer/Wassmer (1977) beschreiben eine »Kombination didaktisch-experimenteller

Supervision«, die eine konstruktive Überlappung ermöglicht. Es ist unmöglich, Ausbildung und rein supervisorische Elemente im Supervisisonprozess zu trennen, da die Studenten implizit von den Interventionen des Supervisors lernen. Ebenso muss der Supervisor gelegentlich explizit lehrend eingreifen, wenn aus ethischen Gründen die Interessen des nicht anwesenden Klienten gewahrt werden müssen. Zwei Beispiele zur Verdeutlichung dieser Situation:

> Gillian arbeitet mit einem Klienten, der, wie sich herausstellt, durch einen schlimmen Unfall traumatisiert ist. Den Klienten beunruhigt zunehmend die wiedergewonnene Erinnerung. Der Supervisor hat zufällig viel Erfahrung mit posttraumatischen Stresspatienten und daher eine klare Vorstellung über die Form der Hilfe. Sollte er diese Kenntnisse Gillian gegenüber verschweigen; ihn einfach dazu ermuntern, weiterhin den Klienten in seinem Prozess zu unterstützen; einige Hinweise geben oder einschlägige Literatur vorschlagen; ihn über die eigenen Kenntnisse informieren und ihm eine oder zwei sinnvolle Techniken der posttraumatischen Therapie beibringen?

> Leroy spielt seinem Supervisor eine Tonbandaufnahme der letzten Sitzung mit einem Klienten vor und äußert Unsicherheit über einige seiner Interventionen. Er sagt, er wollte dem Klienten gegenüber sein Anliegen deutlich machen, dies sei ihm jedoch nicht gelungen. Er bittet um Unterstützung. Was machen Sie? Ermuntern Sie ihn, neue Formen der Intervention zu entdecken; bitten Sie ihn, über seine Selbstblockade nachzudenken; besprechen Sie mit ihm gemeinsam sinnvolle Erwiderungen; ermutigen Sie ihn zu einer Art Brainstorming oder bieten Sie ihm konkrete Methoden an?

Diese Beispiele verdeutlichen erneut die Wichtigkeit der angemessenen Beurteilung und Behandlung der Situation unter dem Gesichtspunkt der Trennung zwischen Supervision, Therapie und Ausbildung. Den klarsten Hinweis auf Irrwege gibt die vermehrte Bitte der Supervisanden nach personbezogener Therapie oder Vermittlung konkreter Arbeitsmethoden, während die Klienten, um die es geht, völlig aus dem supervisorischen Fokus verschwinden. In solchen Fällen sollte man deutlich auf die Notwendigkeit alternativer Hilfen oder Literaturstudium hinweisen. Seien Sie dabei behutsam und offen für Diskussionen. Im Grunde geht es um das Gefühl für die Behandlung der Kernbereiche der Supervision. Kurze, angemessen proportionierte Exkurse können die Professionalität erweitern.

Letztlich sollten Sie Ihre Position als Supervisor oder Ausbilder im Konfliktbereich bewusst wahrnehmen, z.B. wenn ein Student oder Supervisand aus dem Kurs um individuelle, zusätzliche Beratung bittet. Der BAC und viele Praktiker befürworten klare Grenzen und damit die Ablehnung solcher Bitten. Manchmal entstehen Überlappungen, z.B. wenn Sie jemanden beraten, der anschließend einen von Ihnen geleiteten Ausbildungskurs beginnt. Die veränderte Rollenkonstellation muss dann geklärt werden, um Missverständnisse zu vermeiden. Manche Ausbildungszentren scheinen ein geradezu inzestuöses Klima zu erzeugen, indem die Studenten Beratung von ihren Supervisoren oder Ausbildern oder deren Kollegen erhalten. Wir meinen, dass solche Überlappungen möglichst vermieden werden sollen.

Merksatz:

Beachten Sie professionelle Richtlinien zu den Grenzen zwischen Supervision, Ausbildung und Therapie wie auch die eigenen Interpretationen und die des Supervisanden hierzu. Nach Festsetzung von Grenzen ist eine behutsame, fortwährende Kontrolle notwendig.

4. Bieten Sie eine Supervision an, die dem Entwicklungsstand des Supervisanden entspricht

Zwischen Anfängern und professionellen Beratern besteht eine weite Qualitätsspanne. Verschiedene Schemata beschreiben die unterschiedlichen Phasen (Stoltenberg/Delworth 1987; Hawkins/Shohet 1989; Ronnestad/Skovholt 1993). Die signifikanten Entwicklungsunterschiede zwischen noch in der Ausbildung stehenden Beratern und anderen, die beispielsweise schon vierzig Jahre Erfahrung haben, sind fließend. In der Entwicklung des Supervisionsprozesses durchläuft der Supervisand die Phasen Abhängigkeit, Idealisierung, Enttäuschung bis hin zur Autonomie. Dieser Prozess spiegelt sich beim Berater und seinen Klienten in ähnlicher Weise. Bradley (1989) erläutert die Supervisandenentwicklung mit den Begriffen Vorkonformismus, Konformismus und Postkonformismus, die mit den Phasen Undiszipliniertheit, Orthodoxie und erwachsener Praxis korrelieren. Andere Autoren betrachten unter Hinweis auf die Komplexität des Supervisionsfeldes Entwicklungsschemata als einengend und wenig nützlich (Worthingthon 1987). Wir meinen, dass Supervisoren auf jeden Fall den Einfluss von Entwicklungsfaktoren auf ihre Arbeit bedenken sollen. Hawkins/Shorth (1989) typisieren die Beraterentwicklung wie folgt:

- *Der Neuling:* Dies ist der noch in Ausbildung stehende Berater. Ihn kennzeichnen Erfahrungsmangel, hoher Angstpegel, aber auch Optimismus und Enthusiasmus. Er bemüht sich, die erlernte Theorie in Praxis umzusetzen und gleichzeitig gute Leistungen zu erbringen, um Benotungskriterien zu erfüllen. Er geht mit seinen ersten Fällen ziemlich korrekt um. Ihm fehlen Erfahrungen mit unterschiedlichen Klienten und Klientengruppen, sodass seine Vergleichsmöglichkeiten begrenzt sind. Der Neuling benötigt eine klar strukturierte und didaktische Supervision.
- *Der Lehrling:* Während sich der Neuling gegenüber dem Ausbilder bzw. Supervisor in erheblicher Abhängigkeit befindet, ist der Lehrling autonomer. Er hat

durch die Arbeit mit unterschiedlichen Klienten gelernt, während der Beratung verschiedene Strategien anzuwenden. Nach dem Schutzraum der Ausbildung wirkt der direkte Umgang mit Klienten anfangs desillusionierend. Der Lehrling zweifelt in dieser Phase oft daran, ein guter, effektiver Berater zu werden. In dieser Phase sollte die Supervision auf emotionale Stabilisierung abzielen.

- *Der Geselle:* In dieser Phase erlebt der Berater eigene Kompetenz und ist erheblich unabhängiger vom Supervisor. Er kann sich auf seine verschiedenen Klienten einstellen und hat einen klaren Überblick über die Beratungsbeziehung, die intrapsychische Klientendynamik und deren äußere Bedingungen wie auch den sozialen Zusammenhang. Der Berater hat inzwischen seine theoretische Ausbildung verinnerlicht. Supervision sollte jetzt durch größere Herausforderung, gegenseitige Öffnung und ein kollegiales Klima bestimmt sein.
- *Der Meister:* Inzwischen verfügt der Berater über erhebliche Lern- und Praxiserfahrung und arbeitet vielleicht selbst als Supervisor oder Ausbilder. Der »Meisterberater« hat möglicherweise seine ursprüngliche, theoretische Orientierung transzendiert, um selbstmotiviert zu forschen. Dieser Berater ist sich seiner Stärken und Schwächen bewusst. Seine Leistungen sind stabil. Auch die Grenzen seines Arbeitsgebietes sind ihm klar. Der Meisterberater bringt »... seine Ausbildung, Sensibiltät, Wahrnehmung, Mitgefühl, Intelligenz und Motivation in seine Arbeit ein; er hat diese Ressourcen und Fertigkeiten professionell gebündelt, sodass sie nicht länger nur ›Techniken‹ sind, sondern integrierter Teil des Therapeuten« (Goldberg 1992, S. 76). Der Zweck der Supervision in dieser Phase ist die Kontrolle des Beraters, damit er gegenüber Kritik und Erneuerung nicht abstumpft und ihm externe, spezialisierte Perspektiven angeboten werden.

Dies ist ein möglicher Entwurf der unterscheidbaren Stadien. Andere Autoren begnügen sich mit der Differenzierung zwischen Anfängern und fortgeschrittenen Beratern. Es gibt allerdings noch weiter ausdifferenzierte Schemata (vgl. z.B. Skovholt/Ronnestad 1992b). Viele Faktoren verkomplizieren die oben erwähnten Kategorien, z.B. die individuellen Unterschiede der Berater, die Auswirkungen verschiedener Theorien und Orientierungen (auch zwischen Supervisor und Supervisand), die Qualitäts- und Ausbildungsebene des Supervisanden, die Ausbildungsqualität und Erfahrung des Supervisors und die Einbettung des supervisorischen Geschehens. Auf dem Hintergrund dieser Komplexität setzen wir unsere Vorschläge bestimmter Linien für Perspektiven und Praxis behutsam fort.

Nach Reising/Daniels (1983) tendieren Beratungsanfänger dazu, ängstlich, abhängig, technikorientiert und konfrontationsschwach zu sein. Nach anderen Forschern bevorzugen Anfänger einen lehrenden Supervisionsstil mit Schwerpunkt auf dem Erlernen von Techniken und Fertigkeiten in einer emotional unterstützenden Beziehung. Fisher (1989) fand heraus, dass Anfänger einen »autoritären« statt eines egalitären Umgangsstiles bevorzugten. Supervision für Anfänger sollte daher warmherzig aber bestimmt sein. Wie Supervisoren auf die Ängste und Abhängigkeit der Anfänger reagieren, hängt von ihren eigenen Orientierungen ab. Personenzentrierte

Supervisoren bieten am Anfang eher eine fürsorgliche Arbeitsbeziehung an, während rational-emotive Verhaltenssupervisoren (Dryden 1991a) dazu tendieren, analog den Prinzipien dieser Therapieform (REBT[1]) irrationales Denken von Supervisanden sofort in Frage zu stellen. Berichte über die Anfangserfahrungen von Supervisanden (Cohen 1980; Moore 1991) verweisen auf einen hohen Angstpegel des Supervisanden gegenüber dem Supervisor, der ihre Handlungsweise und grundsätzlich die Berufseignung des Supervisanden als Berater zu beurteilen hat. Bradley (1989) identifiziert verschiedene Formen von Anfängerängstlichkeit, z.B. Leistungs- und Anerkennungsdruck, sowie Angst vor einem Machtgefälle (im Sinne der Dominanz des Supervisors über den Supervisanden und seine Möglichkeit zum Machtmissbrauch). Supervisoren sollen diese Faktoren berücksichtigen, vor allem, wenn sie tatsächlich eine beurteilende Rolle innehaben (s. Kap. 6).

Bei dem »Lehrling« und dem »Geselle« erkennen Sie mehr Selbstsicherheit bezogen auf ihre Fähigkeiten und ihr professionelles Selbstbild. Je mehr Erfahrungen der Berater mit unterschiedlichen Klienten gewinnt, desto mehr integriert er seine Fertigkeiten, die Konzeptvorstellungen werden klarer, und er weiß besser, was er von der Supervision benötigt. Loganbill u.a. (1982) verwenden ein Drei-Phasen-Modell von Supervision, das die Befähigung der Supervisanden in jeder Entwicklungsphase mit den Begriffen *Stagnation*, *Verwirrung* und *Integration* beschreibt. »Naive Wahrnehmungslosigkeit« z.B. charakterisiert den stagnierenden »Neuling«, während der stagnierende »Lehrling« oder »Geselle« eher bei bestimmten Klienten festgefahren erscheint. Verwirrung bei Supervisanden verweist auf Entwicklungsunsicherheiten. Entspannt der Supervisor die Situation, kann der Supervisand einen weiteren Integrationsgrad erreichen. Jede dieser drei Phasen kann durch Begriffe supervisorischer Fähigkeiten eingeschätzt werden wie emotionale Wahrnehmung, Autonomie, Identität, Respekt vor individuellen Ausdifferenzierungen, Zweck und Ausrichtung, sowie persönliche Motivation und professionelle Ethik. Der Supervisor entscheidet sich je nach Art der Stagnation oder Verwirrung des Supervisanden für eine unterstützende, konfrontative, katalytische oder direktive Intervention.

Wir haben bisher nicht die Entwicklung des Supervisors behandelt (s. Kap. 30), aber es ist wichtig, schon hier auf die Bedeutung hinzuweisen, die dem Verhältnis zwischen Supervisor und Supervisanden zukommt. Man geht oft davon aus, dass Supervisionsanfänger sehr erfahrene Supervisoren mit Autorität und emotionaler Beherrschung benötigen. Dieses Bedürfnis werden unerfahrene Supervisoren nicht befriedigen können und somit auch nicht die notwendigen Herausforderungen an den Supervisanden richten. Als Gegenargument wird die Distanz des erfahrenen Supervisors mit seiner Praxiserfahrung gegenüber den typischen Anfängerproblemen angeführt, sodass eventuell ein nur wenig älterer Supervisor für einen solchen Supervisanden hilfreicher und verständnisvoller sein könne. Hess (1986) beschreibt die Anfangssorgen von Supervisoren, hervorgerufen durch Statusveränderung und

1 REBT = rational emotive behaviour therapy; im Deutschen wird das Kürzel REVT für »rational emotive Verhaltenstherapie« gebraucht.

Kompetenzunsicherheit. Supervisoren in dieser Phase haben ein ähnliches Dilemma wie Berater während der Ausbildung; von ihnen wird gleichzeitig Kompetenz und Ehrlichkeit im Umgang mit ihrem Anfängerstatus erwartet. Es ist sinnlos, diesen Status zu verschweigen und ethisch besser, offen darüber zu sprechen. Gleichzeitig sollte man die Auswirkungen der eigenen Entwicklung auf den Supervisanden beobachten.

Merksatz:

Berücksichtigen Sie die unterschiedlichen Entwicklungsphasen Ihrer Supervisanden, passen Sie Ihren Stil und Ihre Interventionen entsprechend an und gewähren Sie Raum für die vielen anderen Einflussvariablen der supervisorischen Beziehung.

5. Bieten Sie eine Supervision an, die den theoretischen Orientierungen der Supervisanden angemessen ist

Britische Berater studieren während der Ausbildung orientiert an einem theoretischen Kernmodell. Dies beruht auf den Anforderungen des BAC an Ausbildungskurse, die klar definiert und in sich schlüssig sein müssen, um anerkannt zu werden. Man unterscheidet spezifische theoretische Orientierungen wie psychodynamische, personzentrierte, kognitiv-verhaltenstheoretische oder breitere Zugänge wie humanistisch, transpersonal, psychoanalytisch oder verhaltensorientiert (Dryden/Feltham 1994a). Die BAC fordert inzwischen, dass die Ausbildungen einer Kerntheorie folgen sollen, die alle ihre Elemente durchdringt. Deshalb erwarten viele Studenten eine damit übereinstimmende Supervision. Sind die Supervisoren auch Kurstutoren und sind mit der theoretischen Orientierung vertraut und identifiziert, gibt es kaum Probleme. Es können allerdings auch problematische Situationen entstehen.

- Erstens gibt es Ausbildungsleiter, die ihre Studenten gern von befreundeten Kollegen supervisieren lassen, weil sie von deren Können und Erfahrungen überzeugt sind. Gelegentlich werden solche Angebote ohne die Vorabklärung unterbreitet, ob der Kollege sich mit der theoretischen Orientierung des Kurses identifiziert. Die Ernennung von Supervisoren auf diese Weise mag oft effektiv oder zumindest nicht problematisch sein, aber kann auch danebengehen. Die Vorstellung »Supervision ist gleich Supervision« – unabhängig von ihrer theoretischen Orientierung – ist gefährlich. Wir kennen einen Supervisor, der personzentriert arbeitet und Studenten supervisiert, die von der Transaktionsanalyse (TA) ausgehen. Im Vergleich mit den klaren Leitlinien der TA für Diagnose und Behandlungspläne erscheint ihnen sein Stil schwammig.

- Zweitens sind Berater, Supervisoren und Ausbilder nicht durchgängig genügend ausgelastet. Oft ist die Arbeit semesterweise oder auf Teilzeit festgelegt, sodass Kompromisse getroffen werden müssen. Die Kandidaten für diese unregelmäßige Arbeitsform neigen aus Not zur Übertreibung; sie erklären sich z.B. bestens versiert in psychodynamischer Theorie, obwohl sie sich aus Langeweile schon lange mit Neurolinguistischem Programmieren (NLP) beschäftigen. Anfangs bemühen sie sich, möglichst psychodynamisch zu supervisieren, ertappen sich jedoch zunehmend dabei, Einsprengsel von NLP anzubieten. Unsere emotionale Anhänglichkeit an bestimmte Theorien und die entsprechende Praxis ist manchmal so stark, dass wir unsere Bekehrungsversuche nicht zurückhalten können.
- Drittens nimmt die Anzahl der Kurse zu, die als eklektisch oder integrativ bezeichnet werden, wohinter sich jedoch manchmal nur eine unklare theoretische Anbindung verbirgt. Manche Kurse verlassen sich auf die intuitive Fähigkeit der Studenten, Theorieversatzstücke miteinander zu verbinden, diese Praxis kann aber leicht einen untheoretischen »Mischmasch«-Eklektizismus erzeugen. Wenn Sie ein sehr erfahrener und breit informierter Berater sind, können Sie möglicherweise eine passende Supervision zu eklektischer oder integrativer Ausbildung anbieten. Wir sehen hier einen erheblichen Spielraum für Missverständnisse, insbesondere, wenn so genannte Eklektizismen und Integrationismen unzureichend definiert sind und Supervisoren und Supervisanden beliebig interpretieren, was sie meinen.

Alle diese Probleme können mit einem Streich überwunden werden, wenn Ausbildungskursen ein theoretisches Modell zugrunde liegt und von überzeugten Ausbildern und Supervisoren angeboten wird. Einige kritisieren diese Form der Homogenität jedoch als lähmend. Sie plädieren für einen pluralistischen Zugang von Beginn an, bereichert mit Konflikten und vielen förderlichen Debatten (Samuels 1989). Nach dieser Argumentation garantiert eine orthodoxe Ausbildung nicht den erforderlichen Kompetenzerwerb. Mit diesem attraktiven Argument wird aber praktisch das Risiko der Auflösung theoriegeleiteter Orientierung zugunsten eines unfokussierten Eklektizismus in Kauf genommen. Man kann annehmen, dass Anfänger auf klarere theoretische Strukturen angewiesen sind als erfahrene Praktiker (s. Kap. 4). Eine pluralistische Ausrichtung ist jedenfalls hilfreicher gegen blinde Flecken, als manche puristischen Beratungsmodelle. Das bedeutet, dass ein Supervisor, der die Orthodoxie eines Modells in Frage stellen kann – vor allem, wenn dem Klienten mit einer alternativen Herangehensweise besser gedient ist –, dem Klienten mehr Schutz bietet als einer, der sich gegenüber dem Kernmodell unkritisch verhält. Im Allgemeinen erscheint uns eine pluralistische Einstellung und die damit verbundene supervisorische Rückkoppelung für den »Gesellen« und »Meister« hilfreich, Beratern, die noch ihr Selbstverständnis konsolidieren, ist mit einer engeren Theorieorientierung mehr gedient (s. Kap. 4).

Bestimmte theoretische und daraus abgeleitete Handlungsmodelle vertragen sich nicht mit anderen. Deshalb ist es problematisch für die Leistung einer adäquaten Supervision, wenn Supervisoren sich an anderen theoriegeleiteten Überzeugungen als ihre Supervisanden orientieren. Erklärungen für psychologische Dysfunktionen und therapeutische Interventionen z.B. der rational-emotiven Verhaltenstherapie sind gegenüber der psychodynamischen Beratung grundverschieden und teilweise offenkundig gegensätzlich. Studenten in der Anfangsarbeit mit Klienten wären durch supervisorische Interventionen völlig verwirrt, die aus der rational-emotiven Theorie abgeleitet wurden. Hier ein Beispiel:

Supervisand: Also, mein Klient guckt dauernd zum Boden, als ob er mich meiden wolle, sogar meinen Blick ... es sind auch lange Schweigepausen.
Supervisor: Haben Sie sich auf ein Hauptthema oder -problem geeinigt?
Supervisand: Ähm, nein, außer dem eingangs erwähnten Problem, nein. Der Klient ist regressiv ...
Supervisor: Wie können Sie zusammen produktiv arbeiten, ohne sich über ein Ziel zu verständigen?
Supervisand: Wie bitte???

Dieses kurze Beispiel ist natürlich eine Karikatur. Aber es zeigt, dass die Beteiligten völlig unterschiedlich denken: eine unterschiedliche logische Grundlage, eine unterschiedliche therapeutische Vorgehensweise, eine unterschiedliche Sprache! Eine so schwierige menschliche Begegnung würde wahrscheinlich in der Wirklichkeit nicht vorkommen, aber Variationen über das Thema eines ungünstigen Arbeitsbündnisses zwischen Supervisor und Supervisand sind sicher bekannt. Auch innerhalb bestimmter theoretischer Traditionen sind problematische Verbindungen möglich, z.B. wenn der freudsche und der Objektbeziehungs-Ansatz in der psychodynamischen Beratung verbunden werden. Diese Faktoren verhindern nicht notwendigerweise Supervision aus alternativer Perspektive, zwingen aber beim Kontraktgespräch zu Realismus und Klarheit, um negative Folgen zu vermeiden.

Goodyear/Robyak (1982) erhoben, dass 60% der Supervisoren in den USA angaben, eklektisch zu praktizieren. Für Großbritannien liegt keine entsprechende Untersuchung vor; nach unserem Eindruck gibt es hier jedoch einen ähnlichen Trend. Berater, die vor zehn, zwanzig oder dreißig Jahren mit einem bestimmten Ansatz ausgebildet wurden, haben sich vermutlich in der Zwischenzeit in aktuellen Sichtweisen weitergebildet. Goldberg (1992) dokumentiert, dass sich die Sichtweise der menschlichen Eigenschaften und der Therapie bei erfahrenen Beratern und Supervisoren normalerweise gegenüber ihrem Ausbildungsbeginn erweitert hat. Der erfahrene Supervisor, der einen unerfahrenen Supervisanden supervisiert, kann leicht Verständnis entwickeln und schnell zur Praxisverbesserung beitragen, aber es sind auch unproduktive Arbeitsbeziehungen möglich. Bei dieser Kombination kann sich der Supervisor gegenüber den Angstempfindungen des Supervisanden und dessen Ausgesetztsein gegenüber den aktuellen Theorien zu distanziert verhalten. Um hohe Wirksamkeit komplexer Theorien zu erzielen (z.B. der Transaktionsanalyse), sollte der Supervisor sowohl Ausbilder als auch Forscher auf diesem Gebiet sein.

Merksatz:

Bedenken Sie die Vorteile und in einigen Fällen auch die Notwendigkeit, die ein gemeinsamer, klar übereinstimmender theoretischer Ansatz den Supervisanden bietet, und wägen Sie diese gegenüber den Faktoren des Eklektizismus und den jeweiligen Erfahrungen ab.

6. Klären Sie die organisatorischen, bewertenden, ethischen und andere Verantwortlichkeiten und Grenzen

Wir haben auf Bereiche hingewiesen, die Potenzial für Missverständnisse oder sogar Sabotage der Supervision enthalten. Jetzt möchten wir diese Überlegungen auf die Settings der Supervision ausdehnen. Hawkins/Shoet (1989) sowie Inskipp/Proctor (1989) stellen fest, dass Supervisoren oft angefragt werden, mit Berufsgruppen (Sozialarbeitern, Krankenschwestern, Mitarbeitern des Gesundheitsamtes und Altenpflegern) zusammenzuarbeiten, die kaum über Beratungsausbildung verfügen. Leiter ehrenamtlicher und kommerzieller Organisationen bitten manchmal Supervisoren, einige Sitzungen ihres Mitarbeiterstabes zu leiten. In solchen Fällen ist es besonders wichtig, dass die Grenzen der Supervision besprochen und verstanden werden. Manchmal ist der Leiter der Organisation auch deren Supervisor, obwohl er nie eine Beratungs- oder Supervisionsausbildung gemacht hat. Vorgesetzte mit dieser Doppelfunktion müssen begreifen, dass ihre Mitarbeiter-Supervisanden kein persönliches Material einbringen werden und diese Supervision deshalb weit weniger effektiv ist, als mit einem externen Supervisor. Jede Organisation hat ihre eigenen Traditionen und Erwartungshaltungen an ihre Mitarbeiter, die auch die Behandlung des Klienten beeinflussen. Dies wiederum hat Auswirkungen auf die Verantwortung des Supervisors.

> Stellen Sie sich vor, dass sie zur Supervison einer Beratergruppe in einem Wohlfahrtsverband im 14-tägigen Rhythmus angefordert werden. Der Leiter wünscht, dass sie sofort anfangen, die Bezahlung ist großzügig und Sie brauchen das Geld. Bereits beim ersten Treffen mit der Gruppe stoßen Sie auf erhebliche Schwierigkeiten in der Organisation. Der Leiter geht davon aus, dass auch er an der Supervision teilnimmt. Einer aus der Mitarbeitergruppe sagt Ihnen nebenbei, dass die Berater mit der Hierarchie und ganz besonders mit ihrem zuständigen Leiter unzufrieden sind. Sie stellen fest, dass sie sprichwörtlich in ein Hornissennest gestochen haben. Dies ist nach unserer eigener Erfahrung kein ungewöhnliches Szenario. Wir wissen alle, was jetzt passieren soll. Laut Lehrtext (diesen eingeschlossen) müssten sie eingangs eine Diskussion veranlassen, in der alle Teilnehmer offen ihre Meinung äußern können, bevor ein Arbeitskontrakt geschlossen wird.

In Wirklichkeit wird niemand vollkommen ehrlich sein (die Mitarbeiter sorgen sich um ihren Arbeitsplatz), dennoch wollen alle, dass Supervision zustande kommt. Sie wissen, dass auf allen Ebenen mit subtilen Störungen zu rechnen ist, wenn Sie sich auf dieses Setting einlassen, aber Sie brauchen dringend das Geld. Was werden Sie tun?

Nach den BAC-Regeln (Anlage 2) müssen »Supervisoren, die einen Konflikt zwischen ihren Verpflichtungen gegenüber den Supervisanden und der einstellenden Organisation wahrnehmen, dem Supervisanden die Natur ihrer Loyalität und Verantwortung, in die sie eingebunden sind, explizit verdeutlichen«. Für das obige Szenario enthalten unsere Empfehlungen aus Kap. 2 eine klare Konfliktlösung, nämlich, dass alle Beteiligten die BAC-Regeln lesen und sich darauf einigen, sie zu akzeptieren; dieses Verfahren schafft einen klaren Bezugspunkt, um die Konflikte zu benennen. Vielleicht aber sind Sie sich des Konfliktes nicht sofort bewusst und unsicher, wie diese Situation zu interpretieren ist. Falls Sie den Vertrag mit dem Leiter abgeschlossen haben, wem fühlen Sie sich dann verpflichtet, dem Leiter, der Organisation, den Klienten, den Beratern oder wem? Möglicherweise dem Leiter, weil er Sie engagiert hat. Vielleicht arbeiten Sie mit einem fachlich gemischten Team und die Supervisanden sind anderen Ethik-Regeln verpflichtet; wie wollen Sie sich angesichts dieses Unterschiedes verhalten? Sie schulden sich selbst und Ihrer Berufsorganisation (sei es die BAC oder eine andere), Ihrem Auftraggeber, den Kollegen und Klienten Loyalität, aber der gesunde Menschenverstand sagt Ihnen, dass Sie auch für Ihren eigenen Lebensunterhalt verantwortlich sind und Kompromisse oft unvermeidlich. Wir finden, dass Sie auch bei Geldnot die Lage sehr genau prüfen sollten und die Wahrung Ihrer eigenen professionellen Wirksamkeit und Integrität Vorrang hat.

Gehen wir davon aus, dass der Vorgesetzte Sie bittet, schriftliche Beurteilungen über die Berater in seiner Organisation anzufertigen und diese ein Teil der Leistungsprofile werden sollen. Werden Sie zusagen, ablehnen, einen Kompromiss aushandeln oder ausweichen? Vielleicht supervisieren Sie in privater Praxis einen Studenten, der Sie bittet, am Ende des Jahres einen schriftlichen Bericht abzugeben. Ist das an sich problematisch? In all diesen Fällen ist es gute Praxis, explizit mit Supervisanden über jegliche Zweifel und professionelle Bedenken zu sprechen, bevor ein Kontrakt geschlossen wird. Falls zusätzliche Parteien außer der üblichen Triade von Supervisor, Supervisand, Klient beteiligt sind, müssen Sie die daraus erwachsenden ethischen Fragen erwägen. Wenn Sie z.B. als Supervisor beschließen, schriftliche Berichte über die Arbeit eines Beraters zu liefern, sollten Sie Folgendes klären:

- Wer wird diesen Bericht lesen und ist die Vertraulichkeit des Inhaltes durch die Zuständigen gesichert?
- Was sind die gegenwärtigen und späteren Auswirkungen dieses Berichtes und zu welchem Zeitpunkt und von wem wird er vernichtet?
- Werden im Bericht Namen oder andere Identifikationsmerkmale von Klienten oder anderen Personen genannt und wenn ja, geben diese ihr Einverständnis?

Wenn über diese Fragen klare, schriftlich fixierte Abmachungen erzielt wurden, vermeiden Sie spätere Probleme. In den Ausbildungskursen gibt es wahrscheinlich eindeutige Kriterien für die Benotung, Beurteilung und anderes Feedback an den Studenten. Aber Sie sollten auch die zeitlichen und anderen Grenzen des Settings beachten. Wirkt Ihre schriftliche Stellungnahme zu Supervisanden langfristig? Steht Ihre Stellungnahme im richtigen Verhältnis zu den anderen Kurselementen? Haben Sie das Bezugssystem Ihrer Vorbehalte spezifiziert? Sie müssen die Parameter für Ausbildungskurse und andere Settings kennen, um sie gründlich mit Ihren Supervisanden besprechen zu können.

Die Supervisionsbedingungen sind so vielfältig (z.B. nach Art des Settings, Orientierung, Arbeitsbündnis, hierarchischer oder kooperativer Kontrakt usw.), dass Sie Ihre eigene Verantwortlichkeit sorgfältig analysieren müssen. Zum Beispiel:

> Sie sind Mitglied einer Intervisionsgruppe. Einer der Berater erzählt über eine Klientin, mit der er scheinbar eine enge Beziehung hat. Die Klientin ist eine sehr junge, verletzliche Frau, die eine intensive Behandlung wegen einer Ess-Störung benötigt. Sie sorgen sich über das scheinbar zu dichte Berater-Klient-Verhältnis und vermuten, dass der Kollege mit solch ernsthaften Problemen zu wenig Erfahrung hat. Sie äußern Ihre Meinung, aber niemand teilt sie; alle anderen finden, dass ihr Kollege mutig und korrekt arbeite. Was machen Sie jetzt? Wo liegt in diesem Fall Ihre genaue Verantwortung? Um die Geschichte noch weiterzuführen vermuten wir, dass die Klientin später ins Krankenhaus eingeliefert wird. Ihr Zustand ist ernst und ihre Eltern stellen verärgert Untersuchungen über den Berater und seine Verantwortlichkeit an. Wo stehen Sie? Wir meinen, Sie sollten bei einem solchen Fall Ihre Bedenken deutlich machen, sie sogar möglichst protokollieren und versuchen, den Kollegen von Ihrer Meinung zu überzeugen. Falls Ihre Bedenken keine Unterstützung finden, sollten Sie darüber nachdenken, die Gruppe zu verlassen.

Man kann nicht alle Eventualitäten antizipieren, aber Sie müssen Ihre Grenzen feststellen, wenn Sie supervisorische Verantwortung haben. Manchmal befinden Sie sich vielleicht in Entscheidungsschwierigkeiten und die Kollegen können Ihnen auch nicht helfen. Dann sollten Sie einmalig einen erfahrenen, älteren Kollegen konsultieren. In bestimmten Fällen ist der Rat Ihrer Berufsorganisation und Ihrer Berufshaftpflichtversicherung einzuholen, sofern Letztere auch Ihre supervisorische Verantwortlichkeit abdeckt.

Merksatz:

Klären Sie Ihre Position zu Vorgesetzten, Ausbildern, Kollegen und weiteren Personen, gegenüber denen Sie für Ihre supervisorische Tätigkeit verantwortlich sind, und unterschätzen Sie nicht die subtilen Bereiche, in denen Grenzen gefährlich verwischen.

Die Nutzung der Vielfalt supervisorischer Foki und Methoden

7. Fordern Sie die Supervisanden zu detaillierten Falldiskussionen heraus

Im ersten Kapitel diskutierten wir die Nützlichkeit des Gedankenaustausches über die Bedeutung und die alternativen Konzepte der Supervision. Bei allen Ansätzen ist es gleichermaßen erforderlich, dass der Supervisor eine bestimmte Menge notwendiger Informationen über jeden Klienten des Supervisanden erhält. Der größte Unterschied zwischen Supervision und Beratung besteht darin, dass Sie als Supervisor normalerweise den Klienten nie treffen; Sie wissen nicht, wie er aussieht, und überhaupt wissen Sie nur, was Sie vom Supervisanden erfahren und was Sie selbst mehr oder weniger korrekt folgern. Manchmal können Sie sich auch als Supervisor durch das Reden über einen schemenhaft anonymen Klienten behindert fühlen. Wir halten den Supervisor zum Sammeln so vieler Informationen berechtigt, bis das Bild des Klienten, seiner Handlungsweisen und die möglichen ernsthaften Probleme in der Beratung klar werden. Zwischen Beratern und Supervisoren unterschiedlicher Orientierungen gibt es breite Meinungsunterschiede darüber, ob und wie die Klienten explizit eingeschätzt werden sollen.

Nach welchen Schwerpunkten sollen Supervisoren bei der Anamnese und Einschätzung verfahren, was sollen sie berücksichtigen? Manche Supervisoren möchten, dass bestimmte Einzelheiten wie Name, Anschrift, Geburtsdatum, Details über Eltern und Geschwister, medizinische und psychiatrische Vorgeschichte, gegenwärtige Lebensumstände, physisches Aussehen usw. festgehalten werden. Andere wiederum begnügen sich mit wenigen relevanten Details. Einige verlangen eine Klientenbeurteilung am Beginn, andere nach einigen Beratungssitzungen. Lukas (1993) bietet viele nützliche Beispiele, was als Grundlage der Problembeurteilung erfragt werden kann und sollte. Lazarus (1989) stellt ein gründliches Erfassungsmodell zur Verfügung, das nicht durchgängig brauchbar ist. Wie Sie sich Ihren Supervisanden mit deren neuen Fällen nähern, hängt von Ihrem Setting, Ihrem Ausbildungshintergrund, Ihrer theoretischen Orientierung, Ihren professionellen Ansichten und Erfahrungen und Präferenzen ab. Wie Supervisanden ihre Fälle präsentieren, hängt von ihrer Kooperationsbereitschaft bzw. dem Wunsch zu gefallen, ihrem Bedürfnis nach Behandlung mehrerer Fälle innerhalb kurzer Zeit, ihrer Ängstlichkeit usw. ab. Anlage 1 gibt ein Beispiel zur Darstellung der Fälle in der Supervision. Wenn es die Zeit erlaubt, können Sie alle Klienten des Supervisanden besprechen; alternativ können Sie sich auf Klienten mit dringenden oder problematischen Fragen konzentrieren.

Was bedeutet der Begriff Fallbesprechung? Grundsätzlich geht es um die mündliche Beschreibung eines Klienten, häufig werden detaillierte Notizen hinzugezogen. Viele Berater werden angewiesen, nach jeder Sitzung eine Prozessbeschreibung vorzunehmen, die möglichst akkurat den Gesprächsablauf, den interaktionellen Prozess und ihre eigenen Eindrücke während und nach der Sitzung enthält. Nach diesem Modell liegt der Schwerpunkt der Klientenreflexion auf den Problemen des Klienten, der Interpretation des Beraters, den Interventionen und möglichen künftigen Strategien. Eine typische Fallbesprechung könnte wie folgt aussehen:

Supervisand: Er ist sehr depressiv. Er lebt zu Hause bei seinen Eltern und ist arbeitslos. Er sagt, dass »er alles satt hat« und keinen Ausweg sieht. Er war während der Sitzung sehr einsilbig. Ich denke, er könnte suizidgefährdet sein.

Supervisor: Können Sie mir mehr über einen typischen Tag in seinem Leben berichten – sein Verhalten – und die Art seiner negativen Denkmuster?

Supervisand: Er steht spät auf, isst nicht viel, schafft es, eine Spaziergang zu machen, trifft ein oder zwei Freunde. So wie er spricht, würd ich sagen er denkt: »Wozu das alles? Das Leben bietet mir nichts mehr, niemand interessiert sich für mich.«

Supervisor: Er ist also nicht ganz untätig und isoliert – das ist positiv, oder? Es klingt, als ob er selbst-indoktrinierende Gedanken produziert. Zu welchem Entschluss sind Sie gekommen, wie kann es weitergehen?

Zunächst wird die Aufmerksamkeit auf den Klienten, sein Problem und dessen Kontext gerichtet, danach auf die konzeptionellen Vorstellungen und Pläne des Beraters. Dieser Dialog basiert auf der Wahrnehmung und Erinnerung des Geschehens durch den Berater und auf seinen persönlichen und sachlichen Eindrücken vom Klienten. Die Hauptaufgabe des Supervisors besteht darin, so viel wie notwendig über den Klienten zu erfahren, um den Supervisanden bei der Konzentration auf das Wesentliche zu unterstützen. Dieser Ansatz variiert natürlich je nach theoretischer Orientierung; ein psychodynamischer Supervisor würde z.B. wahrscheinlich auf Details der Klient-Berater-Beziehung und der Kindheit des Klienten achten. Der Falldiskussionsansatz bietet der Supervision häufig eine »Makroperspektive«, das heißt, er verlässt sich auf den allgemeinen Eindruck des Supervisors über den selektiven Bericht des Supervisanden. Die Makroperspektive gibt einen nützlichen Überblick über den Umgang des Beraters mit seinem Klienten und erlaubt unterschiedliche kritische und kreative Sichtweisen. Bei der Anwendung dieses Ansatzes besprechen Sie die Stärken und Schwächen Ihrer Supervisanden und bemühen sich um deren aktive Mitarbeit im Prozess und bei der Auswertung.

Supervision ohne Fallbesprechung oder fallzentrierte Arbeit ist kaum vorstellbar, manche Supervisoren arbeiten vorrangig damit. In diesem Hauptkapitel II über supervisorische Foki schlagen wir vor, sich mit einer Palette supervisorischer Interventionen vertraut zu machen und sie anzuwenden. Jede Intervention hat Vor- und

Nachteile. Falldiskussionen werden kritisiert, weil sie auf Einzelheiten aus der Vergangenheit des Klienten während der letzten Sitzungen fokussieren oder auf einer spröden Diskussion über Details jenseits der eigenen Vitalität der Supervisionssitzung beruhen. Wenn man bedenkt, dass die Hauptaufgabe der Supervision in Schutz und Hilfe für den Klienten besteht, erscheint diese Kritik jedoch etwas unfair und unethisch.

Gegen die ausschließliche Nutzung von Fallmaterial spricht der Einwand der Selektivität. Berater neigen bewusst oder unbewusst dazu, bestimmte Daten zu beachten und anderes Material zu vernachlässigen. Bis Notizen zur Sitzung gemacht werden (idealerweise unmittelbar danach, aber häufig später) wird einiges komplett vergessen, und bestimmte Teile werden unbewusst zensiert oder beiseite geschoben, weil der Berater unaufmerksam ist, nicht versteht oder nicht damit umgehen kann. Fallnotizen führen wahrscheinlich immer dazu, sich erheblich darüber auszulassen. Es ist belegt, dass Prozessaufzeichnungen von dubioser Genauigkeit sind (Covner 1944; Muslin u.a. 1981). Wir wollen damit nicht die Berichte und Intentionen der Mehrzahl der Supervisanden anzweifeln, sondern daran erinnern, dass die menschliche Natur zu selektiver Wahrnehmung neigt und daraus Verzerrungen[1] entstehen. Ein Korrektiv hierfür könnte die Nutzung von Audio- und Video-Aufnahmen mit ihrer dazugehörenden »Mikro«-Perspektive (auf kleine Details innerhalb der Sitzung) sein, die schlaglichtartig die tatsächlichen Daten erhellt. Goldberg (1985) diskutiert und vergleicht die Vorteile der Prozessberichte, Audio- und Video-Aufzeichnungen. Wir empfehlen sie als Gegengewicht für Ihre eigenen Fallbesprechungen mit Supervisanden.

Merksatz:

Wägen Sie die Vor- und Nachteile des Falldiskussionsansatzes ab, beachten Sie die Elemente zur Erzeugung produktiver Falldiskussionen und ermutigen Sie Supervisanden zu deren Nutzung.

8. Beziehen Sie sich auf den Parallelprozess, wenn dies bedeutsam ist

Mattison beschreibt den Parallelprozess wie folgt: »Die Prozesse, die in der Beziehung zwischen Klient und Berater aktuell in Arbeit sind, werden häufig in der Beziehung zwischen Berater und Supervisor gespiegelt.« (1975, S. 11) Searles (1955) war der Erste, der diesen Begriff prägte und das Phänomen beschrieb, was manchmal verwirrenderweise als »Reflexionsprozess« und als »Spiegelung« bezeichnet wird;

1 Im Original wird der schöne bildkräftige Begriff »Chinese whispers« gebraucht.

letztere Begriffe werden von anderen Autoren anders benutzt. Mattison beobachtete, dass Berater ihren Klienten »unbewusst nachahmen«, wenn der Klientenenfall in der Supervision besprochen wird. Berater sind meistens in der Lage, alles, was sie objektiv vom Klienten begreifen, zu vermitteln. Bei schwierigen oder sehr gestörten Klienten wird das Unverstandene häufig automatisch unbewusst weitervermittelt. Aus diesem Grund identifizieren und benutzen viele Supervisoren – vor allem psychodynamisch orientierte – Parallelprozessphänomene in ihrer Arbeit.

Im Parallelprozess oder beim »Parallelisieren« in der Supervision kann ein normalerweise kompetent und klar denkender Berater verwirrt oder unbeholfen wirken, oder ein ausgeglichener Berater wird plötzlich wütend oder deprimiert, wenn er über seinen Klienten redet. In der Gruppensupervision verhalten sich die Gruppenmitglieder auf anschauliche Weise unterschiedlich, wenn sie einem anderen Mitglied bei der Beschreibung eines Klienten zuhören. Werden die Probleme eines Ehepaares in einer Gruppensupervision besprochen, identifizieren sich die Beteiligten entweder mit dem einen oder dem anderen Partner.

Um als Supervisor sinnvoll mit dem Parallelprozess arbeiten zu können, ist eine hohe Aufmerksamkeit für die eigenen, sich subtil verändernden Gedanken und Gefühle erforderlich. Die humanistischen und psychodynamischen Ansätze fokussieren mehr auf diese Ebene als die Kognitions- und Verhaltensansätze. Achtet der Supervisor auf seine eigenen Empfindungen und typischen Erwiderungen gegenüber den Supervisanden, so kann er besser zwischen dem normalen Verhalten und dem von Klienten beeinflussten unterscheiden. Die Kunst, mit dem Parallelprozess zu arbeiten, beruht zum Teil auf der Bereitschaft, ihn als universelles Phänomen zu akzeptieren (Doehrman 1976). Doehrman behauptet, dass Verhalten unbewusst nachgeahmt wird, nicht nur innerhalb der Supervision, sondern auch von der Supervisionsbeziehung her in die Beratungsbeziehung hinein. Sie glaubt, dass solche Prozesse stets innerhalb supervisorischer Beziehungen existieren und dass wir sie auf eigene Gefahr ignorieren. In allen Beratungsbeziehungen sind Formen von Gegenübertragung offensichtlich; in der Supervision muss die Gegenübertragung des Supervisors berücksichtigt werden. Innerhalb der Gegenübertragung findet man häufig Hinweise auf einen Parallelprozess, die genutzt oder missverstanden werden können.

Samuels erläutert »verinnerlichte Gegenübertragung« und »reflektierte Gegenübertragung« (1989, S. 151). Letzteres bezieht sich auf das bisher Vorgestellte, Ersteres auf die störende Erfahrung innerhalb des Beraters (oder Supervisors) von »einem Gebilde, Thema, oder lange bekannter, intrapsychischer, Innenweltnatur«. Mit anderen Worten, der Berater kann die gegenwärtige oder chronische Gestimmtheit oder Verfassung des Klienten (reflektierte Gegenübertragung) oder, tiefer gehend, unbewusst spezifische Aspekte des Klienten mit einem fast unheimlichen Gespür für das Wichtige erspüren. Das geschieht vermutlich ebenso in Supervisionen. Wenn wir auf unsere körperlichen und Verhaltensreaktionen, unsere Gefühls- und Fantasiereaktionen auf den Supervisanden achten, können wir feine, wichtige und nützliche Unterscheidungen wahrnehmen, die wir dem Supervisanden mitteilen können. Aber wie tut man das? Hier sind einige Beispiele:

- »Ich merke, dass ich mich sehr entfernt von Ihnen fühle, während wir reden. Gibt es etwas bei Ihrem Klienten, wo sie sich ähnlich empfinden?«
- »Während Sie die Eskapaden Ihres Klienten beschreiben, werde ich zunehmend ärgerlicher, obwohl sie überhaupt nicht ärgerlich auf mich wirken. Auch Ihr Klient scheint keinen Ärger zu verspüren. Bedeutet dies irgendetwas für Sie?«
- »Ich höre Ihnen zu und denke gleichzeitig an die Kante einer Klippe; dieses Bild spukt geradezu in meinem Kopf herum. Ich denke, irgendwas an der Art, wie sie Ihren Klienten darstellen, macht mir Sorgen.«

Gelegentlich löst solches Feedback wichtige Erkenntnisse aus, der Supervisand kann einen Zusammenhang entdecken und erlebt dies als sehr hilfreich. Manchmal jedoch drängen sich auf diesem Weg Fantasien des Supervisors von außerhalb des Arbeitsprozesses in die Supervision. Oder die Gedanken des Supervisors lösen beim Supervisanden keine unmittelbare Reaktion aus, aber er registriert sie unbewusst und nimmt sie in die Beratungsbeziehung mit, wo sie in verzögerter Form größere Aufmerksamkeit gegenüber dem Klienten schaffen.

> »Vielleicht bedeutet Ihnen dies zurzeit nichts – ich bin mir auch nicht sicher, warum es mir einfällt –, aber ich habe ein Gefühl über Ihre Klientin, das auf ihrer und nun meiner Verwirrung beruht und ich glaube, sie hat ein völlig verdrängtes Problem.«

Solche intuitiven, risikobehafteten Aussagen treffen Supervisoren nur, wenn sie mit ihren eigenen Gegenübertragungsreaktionen vertraut sind. Aber genau dieser Typus von Aussagen wird von den Kritikern der Parallelprozessintervention angegriffen.

Der Parallelprozess ist nicht unser Hauptinterventionstypus und wir hegen ihm gegenüber auch Vorbehalte. Aber es ist eine attraktive Vorstellung (und wenn sie funktioniert, eine sehr dramatische), die unseres Erachtens oft zu willkürlich verwendet wird. Auf Parallelprozesse hinzuweisen kann ein Spiel werden. Manche Supervisoren scheinen ohne Rücksicht auf das Verstehen oder die Zustimmung des Supervisanden nur auf solche Erscheinungen zu lauern; und weil es so »tief« erscheint, sind Supervisanden leicht beeindruckt und akzeptieren solches Feedback, auch wenn nichts davon wahr ist. Der Supervisand erscheint als Werkzeug eines »brillanten Supervisors«, dessen Interventionen die eigene professionelle Genialität demonstrieren sollen, statt dem Supervisanden bei der Arbeit mit dem Klienten zu helfen. Ein zusätzliches Problem des Parellelprozesses ist seine Unvereinbarkeit mit anderen Beratungsmodellen. Supervisoren sollten ihre Aufmerksamkeit auf dieses Phänomen richten und es benutzen, wenn es offensichtlich ist und eine durchschlagende Intervention angebracht erscheint. Wie alle Techniken, kann die Parallelprozessintervention zu häufig und zu wahllos angewendet werden. Sie können experimentierend einzelne Sitzungen mit Tonband aufnehmen und vergleichend danach auswerten, wie Sie normalerweise auf Supervisanden reagieren und welche Reaktionen, gemessen daran, außergewöhnlich sind. Zum Beispiel: »Ich finde, in der Supervision mit John vergeht die Zeit wie im Fluge, doch als wir heute seinen neuen Klienten besprachen, kroch die Zeit dahin und ich empfand mich ärgerlich, ohne zu wissen, warum.« Vergleichen Sie Ihre Reaktionen mit dem tatsächlichen Klientenmaterial und fragen Sie sich, wie verschiedene Klienten ihre Gefühle gegenüber ihren Supervisanden beeinflussen und wie sie diese Erkenntnisse sinnvoll in die Supervision einbringen können (vgl. Doehrmann 1976).

Merksatz:

Lernen Sie Anzeichen von Klientendynamik durch die Art und Weise zu erkennen, wie Supervisanden ihre Fälle in der Supervision darstellen und weisen Sie auf wichtige Eigenschaften des Parallelprozesses hin, wenn dies hilfreich ist.

9. Ermutigen Sie zum Gebrauch des Kassettenrekorders

Der Wert der Tonaufzeichnungen von Beratungssitzungen ist umstritten. Obwohl Rogers und andere vom Beginn ihrer Forschungen an jahrzehntelang Tonbandaufnahmen machten, besteht dagegen weiterhin erhebliches Misstrauen und Widerstand. Im diesem Kapitel wollen wir die Bedingungen, die angeblichen ethischen Probleme, die Vor- und Nachteile von Bandaufzeichnungen und ihre Brauchbarkeit in der Supervision betrachten.

Früher behaupteten wir, dass die Vorteile von Tonbandaufnahmen ihre Nachteile bei weitem aufwögen (Dryden/Feltham 1992) und der praktische Umgang leicht zu bewältigen sei. Wenn Sie als Supervisor bereits Tonbandaufzeichnungen nutzen und befürworten, müssen wir Sie nicht überzeugen. Wenn Sie absolut dagegen sind, werden wir Sie nicht überzeugen. Falls Sie jedoch darüber nachdenken, möchten wir Sie ermutigen. Als Kursleiter oder Supervisor sollten Sie auf Tonbandaufzeichnungen durch Ihre Supervisanden bestehen. Die logische Grundlage dafür besteht darin, dass so die Möglichkeit geschaffen wird, der Arbeitsweise der Supervisanden möglichst nah zu kommen. Mündliche Berichte der Supervisanden über ihre Arbeit reichen nicht aus. Erstens werden Supervisanden Details der Interaktion selektiv wiedergeben, zweitens werden sie Aspekte ihrer Arbeit bewusst oder unbewusst verzerren, besonders wenn sie beurteilt werden, und drittens werden durch mündliche Berichte besonders artikulationsfähige Supervisanden bevorteilt, während jene mit anderen Stärken benachteiligt werden. Außerdem entstehen nach Ryle (1949) philosophische Probleme, wenn man völlig von der Selbstdarstellung der Menschen über ihr Handeln abhängig ist, während man selbst davon abweichendes Handeln von ihnen kennt. Wir wollen damit keinem Misstrauen der Supervisoren gegenüber ihren Supervisanden das Wort reden, sondern die Vorteile der Nutzung von Bandaufzeichnungen bei der Beratungstätigkeit verdeutlichen.

Folgende Punkte sollen ergänzend berücksichtigt werden, wenn Sie Ihren Supervisanden Tonbandaufnahmen empfehlen.

- Tonbandaufnahmen zeigen explizit die Seriosität des Beraters an, da sie der Reflexion seiner Arbeit dienen. Sie gefährden die Vertraulichkeit der Sitzung nicht mehr als die üblichen schriftlichen Notizen des Beraters und seine Berichte an den Supervisor. Die Tonbandaufnahme ist einfach die technisch überlegene Methode, Informationen über die Sitzung zu fixieren.
- Unsere Erfahrung und die vieler Kollegen belegt, dass die Klienten die Aufnahme der Sitzungen nicht verweigern und sie auch nicht als Störung des Gesprächs erleben. Allerdings scheinen manche Supervisanden ihre Ängste vor oder Bedenken gegen Aufzeichnungen auf die Klienten zu projizieren, die dann allerdings ablehnend reagieren. Berater, die den Wert der Aufnahmen schätzen, haben damit selten Probleme.
- Alle Klienten sind umfassend über den Zweck der Aufnahmen zu informieren. Die Bedingungen der Vertraulichkeit (z.B. das Abspielen in der Supervisionssitzung oder gegenüber Ausbildern), die sichere Lagerung der Tonbänder und das anschließende Löschen müssen geklärt werden. Bestehen dennoch nonverbale Ängstlichkeiten oder Einwände der Klienten gegen die Aufnahme, sollten diese fraglos respektiert werden; erfahrungsgemäß handelt es sich um eine kleine Anzahl.
- Berater können den Klienten Sequenzen vorspielen oder ihnen Kopien zum nochmaligen Anhören mitgeben. Ein Teil der Methode des »interpersonellen Prozesses des sich Erinnerns« (Kagan 1980) bringt das »gegenseitige sich Erinnern« nicht ausgedrückter Gefühle von Klient und Berater hervor. Rusk (1991) empfiehlt Aufnahmen alleine um der Klienten willen, der Klient erhält die Kassette jeder Sitzung zur eigenen Reflexion.

Was sind die wirklich nützlichen Anteile der Tonbandaufnahmen in der Supervision? Das Bandmaterial eröffnet den Zugang zu dem tatsächlich Gesagten; Körpersprache, subtile Gesten, das Geschehen während Schweigens usw. wird nicht vermittelt. Beim Anhören der Tonbänder während der Supervision stellen wir manchmal eine Diskrepanz zwischen der Wahrnehmung des Supervisanden und des Supervisors fest. Ein Supervisand beschrieb z.B. eine Klientin als »hysterisch«; vom Tonband hörte sie sich für uns wie jemand mit einem hastigen und emotionalen Sprachstil an, aber ohne psychopathologische Untertöne. Damit ist nicht impliziert, dass der Supervisor richtig und die Supervisanden falsch liegen, vielmehr sollen die Wahrnehmungsdiskrepanzen deutlich werden und zur Diskussion veranlassen. Ohne die Aufnahmen würden sie jedoch nicht sichtbar werden.

Vorrangig ermöglichen Tonbandaufnahmen von Beratungssitzungen allerdings die detaillierte Untersuchung der Beraterinterventionen. Dies ist während des Ausbildungsprozesses besonders wichtig, da der angehende Berater eine genaue Kontrolle seiner Arbeit benötigt, damit offensichtliche Probleme sofort besprochen werden können. Ethischen Einwänden gegen die Tonbandnutzung begegnen wir mit dem Hinweis, dass eine unzureichende Qualifikation der Studenten ebenfalls unethisch wäre, indem man auf tatsächliche Beweise ihrer Arbeitskompetenz verzichtet. Ausbilder haben nur vage, indirekte Anhaltspunkte zur Kompetenzbemessung ihrer Studenten (Dryden/Feltham 1994a). Die Tonbänder sind nicht inquisitorisch zu gebrauchen. Vielmehr ist die Kenntnis des Verhaltens des Ausbildungskandidaten der Ausgangspunkt für die Hilfsangebote, die den Klienteninteressen dienen.

Es gibt viele Möglichkeiten, Tonbänder innerhalb der Supervision zu nutzen. Erstens kann man Supervisanden ermutigen, Tonbandsequenzen mitzubringen, über die sie unsicher sind und zu denen sie Rückmeldung wünschen. Dafür muss der Supervisand die Tonbandstellen markieren und Zeit für die anschließende Reflexion einplanen.

Zweitens kann sich der Supervisor eine Kassette partiell anhören, um einen Eindruck der Arbeitsweise des Supervisanden zu bekommen; z.B. Anfang, Mitte und Ende des Bandes, um zu erfahren, wie der Supervisand seine Gespräche beginnt, strukturiert und beendet. Er wird das Band auch hin- und herspielen, um aus Momenten und Passagen ein repräsentatives Bild der Arbeitsweise zu gewinnen.

Drittens ist eine Kassette gelegentlich vollständig anzuhören, besonders, wenn der Supervisor für Beurteilung und Benotung verantwortlich ist. Auch der Supervisand bittet manchmal um ein gezieltes Anhören bei einem schwierigen Fall oder zur Beurteilung seiner Fähigkeiten. Unter Umständen kann der Supervisor auch Kassetten bearbeiten, die ihm zugeschickt wurden. Dryden (1991a) nennt mögliche Anlässe (z.B. geografische Unerreichbarkeit von Beratern und Supervisoren, Heranziehung spezialisierter ausländischer Supervisoren) einschließlich der praktischen und ethischen Erwägungen.

Uns erscheint die Liste von Hill/O'Grady (1985) der Therapeutenziele (s. Anlage 3) hilfreich. Sie wird für die Supervision und die Beurteilung von Bändern der Studierenden am Goldsmith-College und für andere Settings verwendet. Sie enthält neunzehn Verhaltenscluster für zweckgerichtetes Beraterverhalten. Damit lassen sich Prozesselemente identifizieren. Auch die Studenten profitieren davon, eigene Bänder anhand eines Leitfadens abzuhören, der Kriterien zum besseren Verständnis ihrer Arbeit bietet. Jede theoretische Orientierung vermittelt die Items (Verhaltensmuster, Strategien, Konzeptualisierungen, Beziehungsqualitäten usw.), auf die in der Supervision mit Bandnutzung fokussiert wird.

Unabhängig von individueller Abneigung gegenüber dem Tonband bestehen Hindernisse, die zu berücksichtigen sind. Die Aufnahmen sollen von guter Qualität sein. Dies setzt eine entsprechende Qualität aller Komponenten der technischen Ausrüstung voraus. Berater sollten die Aufstellung und Handhabung vorher üben, damit der Sitzungsverlauf nicht gestört wird. Beim Abhören der Bänder ist zu beachten, dass in der Supervisionssitzung nur kleine Segmente kommentiert werden können. Allerdings kann man sich deshalb auch in Mikroaspekten der Beratung verlieren, sodass die Eigenart der Beratungsbeziehung und ihre zeitliche Entwicklung verzerrt würden. Anfangs »produzieren« sich Berater möglicherweise, weil der Supervisor die Bänder anhören wird; diese Tendenz verliert sich mit der Zeit. Ängstliche Studenten erleben die Aufzeichnung einschüchternd, der Ausbilder sollte ihnen bei der Überwindung dieser Ängste helfen. Eine explizite Heranführung an die Herstellung von Tonbandaufnahmen, die Erklärung des Zwecks gegenüber Klienten, die Auflösung ethischer Dilemmata und die Überwindung von Selbstzweifeln (z.B. durch Rollenspiel und kognitive Debatte) kann Beratern in der Ausbildung enorm helfen. Der Supervisor sollte sich der Probleme bewusst sein und vor diesem Hintergrund Bandaufnahmen fördern, sie nutzen und damit experimentieren. Erwägen Sie als Supervisor, einige Ihrer eigenen Sitzung aufzunehmen, um sich selbst zu kontrollieren und die eigenen Fähigkeiten zu verbessern. Anlage 4 (Supervisorenkompetenzen) bietet Beispiele supervisorischer Intentionen und Techniken, auf die man beim Abhören achten kann.

Merksatz:

Berücksichtigen Sie die Vor- und Nachteile und nutzen Sie die verschiedenen Möglichkeiten von Tonbandaufnahmen in der Supervision. Ermutigen Sie Ihre Supervisanden zu Bandaufzeichnungen in einem ethischen Bezugsrahmen und dadurch zum Lernen mit Ihnen und in ihrer Selbstreflexion.

10. Fokussieren Sie auf die spezifischen Strategien und Interventionen der Supervisanden gegenüber jedem Klienten

Die Falldiskussion und die Analyse der Beziehung zwischen Berater und Klient spielen in der Supervision eine wichtige Rolle. Darüber werden häufig die spezifischen augenblicksorientierten Intentionen des Beraters während und zwischen den Sitzungen übersehen. Klienten beanspruchen Beratung, um ernsthafte Sorgen oder Probleme konkret zu bearbeiten. Der Berater muss durch seine Wahrnehmung und zweckgerichtete Interventionen dieser Situation gerecht werden. Beratungstherorie ist ein Mittel zum Zweck. Lazarus (1989) erinnert daran, dass den Klienten weniger die bloße Theorie hilft, sondern das tatsächliche Geschehen in der Beratungssitzung (und außerhalb). In der Debatte über die wichtigsten Faktoren von Beratung halten einige nonspezifische Faktoren (Frank 1973) und Beziehungsfaktoren (Lambert u.a. 1986) für wichtiger als spezifische Techniken oder Interventionen. Folgen Sie dieser Argumentation, werden Sie Ihre Aufgabe vorrangig in der Unterstützung der Supervisanden zur Verbesserung ihrer interpersonellen Sensibilität sehen. Darüber könnte die Förderung der Entwicklung spezieller Techniken oder Interventionen vernachlässigt werden.

Jede Äußerung des Beraters während der Sitzung kann als Intervention betrachtet werden. Lazarus (1989) betont während der Supervision seiner Studenten die Wichtigkeit der »Aussage-Erwiderung.« Danach ist jede Klientenäußerung mit einer Erwiderung des Beraters als Feststellung oder Frage zu verbinden. Die Erwiderung kann als neutral, positiv oder negativ gedeutet werden. Positive Erwiderungen regen den therapeutischen Prozess an, negative bremsen ihn. Neutrale Erwiderungen wirken nicht primär auf die Prozessdynamik, sondern zeigen die Notwendigkeit, weitere Informationen zu erschließen, Hinweise auf Unverstandenes zu geben usw. Jede Intervention ist zu untersuchen auf die Verbesserung der Selbsterkenntnis des Klienten, des therapeutischen Arbeitsbündnisses und des engagierten therapeutischen Handelns.

Sie können sich selbst und Ihren Supervisanden folgende Fragen stellen:

- Folgt diese Intervention der Äußerung des Klienten?
- Wird ihr Zweck vom Klienten verstanden?
- War sie in dieser Weise zu diesem Zeitpunkt treffend?
- War sie kunstgerecht vorgetragen – nicht nur in der eigenen Vorstellung – und für den Klienten hilfreich?
- War ihre sprachliche Form ohne weiteres für den Klienten verständlich (z.B. ohne Jargon)?
- Wurde sie durchgearbeitet und nicht nur nebenbei »hingeworfen«?

Es ist schwierig, wenn nicht unmöglich, spezifische Interventionen zu supervisieren, ohne von Bandaufnahmen ausgehen zu können; manche Supervisanden sind allerdings in der Lage, ihre Interventionen Wort für Wort zu wiederholen. Es ist leichter, Strategien oder Vorgehensweisen nachträglich zu identifizieren, die sich über mehrere Sitzungen hinzogen. Augenblicksbezogene Interventionen sind von Strategien im Rahmen einer geplanten »Makroveränderung« zu unterscheiden, die auf einer Konzeptualisierung und einem Behandlungsplan beruhen. Nicht alle Berater verstehen Strategien als notwendige klinische, schrittweise Behandlung des Klienten. Hier ein Beispiel:

Supervisand: Meine Klientin beschreibt, dass sie »Panikattacken« ausgesetzt ist, und ich bin unsicher, wie ich damit umgehen soll.

Supervisor: »Panikattacke« ist die Terminologie der Klientin, die Sie scheinbar als deutliches und vielleicht sehr herausforderndes Problem ansehen.

Supervisand: Ja! Ich habe das Gefühl, dass ich etwas anderes oder Besonderes tun soll, ich fühle mich etwas unzulänglich.

Supervisor: Sie sagen nicht, dass Sie die Klientin selbst anders erleben, sondern dass Sie das Konzept der »Panikattacke« beunruhigt. Können Sie mir sagen, was Sie über die Klientin selbst empfinden?

Supervisand:	Ja, ich finde sie herzlich, freundlich, vielleicht ziemlich gewissenhaft. Sie scheint vor mir und unseren Sitzungen nervös zu sein. Ich habe das Gefühl, dass sie Angst davor hat, sich zu behaupten, und dass sie diese Angst noch braucht. Würde sie sich öfter durchsetzen, hätte sie nicht so häufig »Panikattacken«.
Supervisor:	Also vermuten Sie, dass ihre Angst, sich zu behaupten, auf irgendeine Art diese Attacken hervorruft und es sogar während Ihrer Sitzungen Hinweise gibt, dass sie sich zurückhält?
Supervisand:	Ja, und es kommt mir so vor, als ob sie mich irgendwie drauf stößt, dass ich ihr sagen soll, dass sie auf mich diesen Eindruck macht, und ich denke, wenn ich ihr das sage, würde sie zu verstehen beginnen, wie sie die Grundlagen ihrer Panik schafft.

Ein Wort wie »Strategie« erscheint hier nicht, aber es ist offensichtlich, dass der Supervisand intuitiv eine Hypothese über die Klientin formuliert hat, verbunden mit einer Ahnung, was ihr in den weiteren Sitzungen nützen könnte. Das ist natürlich eine Art Strategie. In diesem Beispiel könnte der Supervisor in einer späteren Sitzung fragen, ob der Supervisand seine Ahnung verfolgte und sie in die Praxis umsetzte. Es könnte also versucht werden, spezifische Interventionen dahingehend zu identifizieren, wann sie wo erfolgten und ob sie zeitlich richtig platziert und wirksam waren.

Die Liste von Schlüsselanweisungen von Hill/O'Grady (1985, Anlage 3) ist hilfreich, um Vorstellungen von Supervisanden während der Sitzung mit ihren Klienten zu identifizieren. Das Schema ist leichter auf Bandaufnahmen der Supervision anzuwenden. Aber als Leitlinie und Erinnerungshilfe hilft es in jedem Fall herauszufinden, was in der Beratung versucht wurde. Hill u.a. (1988) untersuchten Klientenwahrnehmungen und -reaktionen auf Beraterinterventionen. Mit nur geringer Unterstützung zur Erkennung der wesentlichen Beraterinterventionen waren die Klienten anschließend in der Lage, deren Nützlichkeit zu bestimmen. Diese Forschungsarbeit verdeutlicht die genaue Wahrnehmung und Anerkennung der Klienten für konstruktiv-stützende und hoffnungsweckende Interventionen des Beraters. Interventionen, die Einsicht fordern oder Informationen abfragen, wurden weniger positiv gesehen. Bezeichnenderweise stellten Hill u.a. fest, dass Berater häufig unfähig waren, die Reaktionen der Klienten auf ihre Interventionen akkurat zu deuten. Oft setzten sie ihre Interventionen fort, ohne dieses Versagen zu bemerken. Natürlich kann man sich in der Supervision nicht ständig auf mikroskopisch kleine Interaktionen und Interventionen konzentrieren, aber dieser Aspekt darf besonders bei Anfängern nicht übergangen werden. Doch auch bei einem »Meisterpraktiker« sollten zur Kontrolle die Intention, Intervention und Strategie genau beleuchtet werden.

Strozier u.a. (1993) begründen abschließend, warum die Konzentration auf diese detaillierten Aspekte notwendig ist. Unter Verwendung und Abänderung der von Hill/O'Grady (1985) entwickelten Liste der Therapeutenziele studierten und entwarfen sie eine einzelne Supervisionsbeziehung. Sie wollten die Intentionen des Supervisors identifizieren und den Grad des Begreifens und der Nützlichkeit für den Supervisanden feststellen. Interventionen, die auf Erkundung und Umstrukturierung abzielten, wurden als hilfreich empfunden. Der reflexive Supervisor wird durch das Studium seiner eigenen Interventionen und Strategien während und nach der Sitzung profitieren. Er bietet damit seinen Supervisanden zugleich ein Modell, an dem sie die Wichtigkeit der Kontrolle über die Interventionswirkungen erfahren können. Diese Supervisionsform dient der Entmystifizierung des Beratungsprozesses, offenbart die bewussten Vorgehensweisen von Beratern und Supervisoren und untersucht die Beziehung zwischen spezifischen Interventionen und Strategien und deren Erfolg.

Merksatz:

Beobachten Sie genau Ihre eigenen Intentionen, Handlungen und Strategien und die der Supervisanden in und zwischen den Sitzungen. Lernen Sie daraus, was wirksam ist und was nicht.

11. Ermutigen Sie Supervisanden zum Einsatz von Brainstorming, Rollenspiel und weiteren katalytischen Techniken zum Verständnis ihrer Klienten

Nicht selten gerät man mit Klienten in eine Sackgasse. Es gibt viele Gründe, »festgeklemmt« zu sein, z.B. Klientenängste, Depressionen, Mangel an Energie, Unfähigkeit zur Mitarbeit, Furcht des Beraters vor einem Versagen oder eine Mischung aus Klienten- und Beratereigenschaften. Manchmal fängt die Arbeit mit einer Krise des Klienten an und versandet anschließend in einem unkreativen, vor sich hin plätschernden Austausch. Oder der Klient scheint mit dem Prozess zufrieden zu sein, während der Berater unter Stagnationsgefühlen leidet oder sich verwirrt fühlt. Dies kann auf eine Übertragungs- und Gegenübertragungsdynamik hinweisen. Aber manchmal fühlen sich Berater müde, verwirrt oder verirrt aus viel belangloseren Gründen. In Kurzberatungen können sich Berater z.B. nicht den Luxus von langen Schweigepausen oder unproduktiven Sitzungen leisten (Dryden/Feltham 1982). Bedingt durch festgelegte Verträge fühlen sich Berater gezwungen, besonders wach und kreativ zu sein. Auch wenn mit dem Klient vereinbart wurde, kurzfristig und konzentriert vorzugehen, kann es geschehen, dass er ängstlich, verwirrt oder unbeteiligt wirkt bzw. der Berater »Dampf verliert«. Auch in der Supervision kann die Energie oder der Fokus verloren gehen. Dann wird es sinnvoll sein, alternative Methoden zur Belebung und Neufokussierung der Arbeit zu bedenken.

Brainstorming

Brainstorming wird oft mit Team- oder Gruppentreffen in Verbindung gebracht, es kann aber ebenso in Einzelberatung und Supervision eingesetzt werden. Variationen von Brainstorming oder abweichendem Denken sind das Zentrum vieler innovativer Beratungsansätze und Therapien wie NLP[1] und lösungsorientierte Kurztherapien.

Egan (1990) empfiehlt abweichendes Denken und stellt folgende Prozessschritte vor, die wir an die Supervisionssituation angepasst haben:

- Supervisor und Supervisand sollten sich einer Beurteilung enthalten. Stellen Sie ein offenes Klima her, in dem Sie und Ihre Supervisanden mit Ideen zu bestimmten Klienten spielen können. Die Aussage: »Na, das könnte ich mit meinem Klienten nie machen«, gehört jetzt nicht hier hin, wenngleich sie zu anderer Zeit vielleicht angebracht wäre.
- Ermutigen Sie den Supervisanden, möglichst viele Strategien und Ideen zu erzeugen. Erlauben Sie nicht, schon nach ein oder zwei Ideen aufzuhören. Fordern Sie sie mit Fragen heraus, indem Sie z.B. auf die Aussage: »Mir fällt nichts mehr dazu ein«, antworten: »Sind Sie sicher? Denken Sie daran, dass diese Übung freie, spontane Gedanken fördern soll. Bieten Sie mir noch zwei oder drei weitere Ideen – einfach was Ihnen einfällt.«
- Unterstützen Sie Supervisanden dabei, eine Idee als Sprungbrett für die nächste zu benutzen. Entwickeln Sie im Geist des Brainstormings eine »kreative, freie Assoziationsübung« im Sinne von breit gefächertem, intensivem Denken, das letztendlich dem Klienten dienen soll. Ein Beispiel: »Ich könnte meine Klientin bitten, mich zum Besuch ihrer Mutter mitzunehmen, damit ich genau erlebe, wie nervend die Mutter ist … und ich könnte die Klientin zu mir nach Hause mitnehmen, damit sie erlebt, wie ich mit meiner Mutter und ihrer nervenden Art umgehe!«
- Fordern Sie Supervisanden heraus, verrückte, aber nützliche Ideen zu entdecken. Dies soll nur eine Übung sein und keine Aufforderung, tatsächlich mit dem Klienten ähnlich zu verfahren. »Ich möchte meinen Klienten zum Amazonas schicken.« … »Ich möchte am liebsten uns beide für eine Woche in eine Sauna verfrachten.« In dieser Phase müssen Ideen weder sinnvoll noch politisch korrekt sein. Je verspielter, desto wirkungsvoller sind sie.
- Helfen Sie Ihren Supervisanden zu klären, was sie erarbeitet haben. Ihre Fragen müssen darauf abzielen, klarere Bilder und Informationen aus den Gedanken und Gedankenbildern zu entwickeln, um Lebendigkeit und Motivation zu fördern. Sie könnten fragen: »Und wie würden Sie sich in der Sauna fühlen und worüber würden Sie sich unterhalten?«

1 NLP = Neurolinguistisches Programmieren.

Die Aufhebung der »normalen« supervisorischen Konventionen lässt den Supervisanden neue, wichtige Perspektiven auf seine Fälle gewinnen. Oft wird die Blockierung durch die Übung aufgehoben. Sie kann auch eine Katharsis befördern, weil der Supervisand genau erlebt, wie schwierig ein Klient ist oder wie problematisch bestimmte Aspekte von Gegenübertragungen sind. Manchmal entstehen dabei viel versprechende neue Strategien.

Rollenspiel

Das »Darüber Reden« ist das Hauptinstrument der Supervision, auch wenn es um Gefühle und subtile Parallelprozesse geht. Gelegentlich ist es sinnvoll, von der Methode des Gesprächs zu jener von Spiel und Erfahrung zu wechseln. Es gibt verschiedene Möglichkeiten, Aspekte der Beratung durch Rollenspiel darzustellen, um über Erfahrungen eine neue Perspektive für die Arbeit zu gewinnen. Einige Möglichkeiten sollen hier genannt werden:

- Bitten Sie den Supervisanden, die Klientenrolle zu spielen. Sie werden zum Berater und versuchen, auf Ihre Art mit dem Klienten zu arbeiten. So kann der Supervisand die Perspektive des Klienten erfahren und der Supervisor erlebt eine lebendige Präsentation des Klienten. Ebenso können auf komplexen Wegen Schwierigkeiten zwischen Klient und Supervisand, aber auch zwischen Supervisand und Supervisor deutlich werden.
- Bitten Sie den Supervisanden, einen Klienten zu spielen. Sie werden ein Forscher. Sie fragen den »Klienten« zum Verlauf der Beratung und zur Person des Beraters. Zum Beispiel: »Wie sind Sie mit dem Fortgang Ihrer Beratung zufrieden?« »Glauben Sie, dass Ihr Berater Ihre Probleme begriffen hat? Gibt es etwas Bestimmtes, das in der Beratung anders laufen sollte?« Diese Übung zwingt den Berater in den Bezugsrahmen des Klienten und ermöglicht ihm, die Arbeit mit dem Klienten aus einem neuen Blickwinkel zu betrachten.
- Bitten Sie den Supervisanden, alternativ sowohl sich selbst als auch seinen Klienten zu spielen. Um Lebendigkeit zu erzeugen, benutzen Sie verschiedene Stühle, damit sich der Supervisand physisch wie auch imaginär in die Position des Klienten und des Beraters bewegen muss. Der Supervisand kann das Beraterverhältnis so spielen, wie er es wahrnimmt, oder er kann Teile davon überzeichnen, um ein besseres Verständnis zu erlangen, oder auch Teile verändern, um im Sinn von Brainstorming zu experimentieren. Der Supervisand könnte z.B. den Klienten anschreien: »Ich bin es leid, dass Sie hier herumsitzen und erwarten, dass ich die ganze Arbeit mache. Sie verbringen Ihr ganzes Leben damit, darauf zu warten, dass andere Sie retten!«
- Bitten Sie den Supervisanden, den Supervisor zu spielen (wie er Sie wahrnimmt oder einen anderen, besonders kritischen Supervisor oder einen mit Röntgenaugen). Diese Übung lässt den Supervisanden fantasieren, wie die eigene Bera-

tungsarbeit wahrgenommen wird und welches die besten und schlechtesten Merkmale sind. Daraus kann ein größerer Einblick in das supervisorische Arbeitsbündnis gewonnen werden.

Der Supervisor muss diese Übungen eindeutig unterstützen und erlauben, weil sie sehr wirkungsvoll sind und zu dramatischen Einsichten und Gefühlen führen können. Manche Supervisanden fühlen sich bedroht. Die Übungen sollen Mittel zum Zweck sein, dass die Supervisanden neue Ideen und Strategien gewinnen können. Deshalb muss die notwendige Zeit für das Auswertungsgespräch während der Sitzung eingeplant sein. Sorgen Sie dafür, dass die Supervisanden am Ende des Rollenspiels bewusst ihre Rollen verlassen.

Je nach Supervisionssetting steht eine Anzahl katalytischer Übungen zur Anwendung bereit. Wenn Sie z.B. in einer Gruppe supervisieren, können Sie die Gruppenmitglieder ermutigen, Anteile des Berater-Klienten-Verhältnisses zu spielen. Sie könnten einen Teilnehmer bitten, die Rolle des verschlossenen Klienten, einen anderen die Rolle der Ehefrau des Klienten und noch einen anderen die Rolle des »blockierten« Beraters zu spielen. Gestalt- und humanistischen Beratern liegt diese Art Übungen besonders nahe, sie können aber auch von anderen adaptiert werden. Ein weiteres Beispiel ist eine rationale Rollenumkehr in der Supervision. Dies entstammt dem Repertoire der rational-emotiven Verhaltenstherapie (Dryden 1982) und fordert vom Supervisor, dass er die Rolle des Supervisanden übernimmt, der in seiner Arbeit irrational verstört ist; entsprechend schlüpft der Supervisand in die Rolle des Supervisors, bestreitet argumentierend das irrationale Denken und ist behilflich, eine rationale Perspektive zu entwickeln (z.B. »Nichts deutet darauf hin, dass ich unbedingt diesem Klienten helfen *muss*, seine sexuelle Dysfunktion zu überwinden.«). Solche Übungen sollten jeweils an der theoretischen Orientierung und dem Entwicklungsstand des Supervisanden ausgerichtet sein.

Merksatz:

Berücksichtigen Sie die Vorteile der Anwendung bestimmter katalytischer Übungen, die den Supervisanden neue und wichtige Perspektiven über besonders problematische Fälle eröffnen. Sorgen Sie dafür, dass solche Übungen ausreichend erklärt, sinnvoll gebraucht und angemessen ausgewertet werden.

12. Denken Sie über die relativen Vor- und Nachteile von Einzelsupervision, Gruppensupervision und Intervision[1] nach

In vielen Ausbildungskursen für Berater erhalten die Studenten eine Mischung von Einzel- und Gruppensupervision. So wird ihnen eine intensive Zuwendung in der Einzelsupervision und die Herausforderung der Gruppensupervision geboten. Hierbei lernen sie gleichzeitig persönlich die Vor- und Nachteile beider Formen der Supervision kennen. Manchmal sind Kompromisse notwendig und Supervisanden finden sich dann ohne eigene Wahl in einem dieser Settings, weil es keine Alternative gab. Manche Supervisanden erfahren während ihrer Ausbildung wenig Einzelsupervision, z.B. weil sie zu teuer ist. Wir wollen an dieser Stelle die Vor- und Nachteile von Einzel- und Gruppensupervision sowie Intervision untersuchen. Alle drei Formen werden in den BAC-Regeln (s. Anlage 2) empfohlen.

Einzelsupervision

Folgende Vorteile der Einzelsupervision sind offensichtlich:

- Supervisand und Supervisor können ohne Ablenkung über ein Thema entscheiden und arbeiten.
- In jeder Sitzung gibt es ausreichend Zeit für die Besprechung der Fälle des Supervisanden.
- Es ist möglich, den Fortschritt der Arbeit des Supervisanden mit einzelnen Klienten nah zu verfolgen und das Verhältnis zwischen Supervisand und Supervisor genau zu beobachten.
- Die Einzelsupervision dupliziert den Typus der Zweierbeziehung, wie ihn die meisten Beratungsverhältnisse darstellen, und hat deshalb Modellcharakter.
- Der Supervisor kann einigermaßen sicher sein, alle Fälle des Supervisanden zu überblicken.
- Es entsteht ein hoher Grad an Vertraulichkeit.

Folgende Nachteile können sich ergeben:

- Der Supervisand erhält nur von einer anderen Person input, die möglicherweise voreingenommen ist.

1 Im Original wird der Begriff *peersupervision* verwendet, dem in Deutschland *Kollegialberatung* entspricht, der sich auch durchgesetzt hatte. Allerdings wird dieser zunehmend durch den Begriff *Intervision* ersetzt, der deshalb im Folgenden verwendet wird. Das Intervisionskonzept beruht auf dem japanischen Qualitätszirkel, wie wir ihn aus dem Qualitätsmanagement kennen. An dieser Stelle ist damit eine sozialberufliche Reflexionsgruppe gemeint, die ohne externen Supervisor nach bestimmten stützenden Regeln ihre Fälle, ihr berufliches Verhalten und die berufswirksamen Persönlichkeitsanteile reflektiert. S. dazu auch: Hendriksen (2000).

- Supervisor und Supervisand können die gleichen Ansichten teilen. Dadurch kann unbewusst eine Kollusionsbeziehung entstehen.[1]
- Dem Supervisanden fehlt die Möglichkeit, seine Arbeit mit der anderer Kollegen in der gleichen Entwicklungsphase zu vergleichen.

Mehrere Faktoren bestimmen den Wert der Einzelsupervision für jeden Supervisanden. Entsteht ein produktives Arbeitsbündnis, kann diese Arbeitsform die intensivste Lernform in der Entwicklung vieler Berater werden (Norcross/Guy 1989). Die Passung der theoretischen Orientierungen, die Übereinstimmung oder Ergänzung der Persönlichkeiten wie auch die Abdeckung des Bedarfs der jeweiligen Entwicklungsphasen konstituieren ein optimales supervisorisches Arbeitsbündnis. Berufsneulinge suchen bei erfahrenen Supervisoren Unterstützung, »Versorgung«, Anteilnahme und Kontrolle. Alternativ dazu können sie durch Supervision von einem Kollegen profitieren, der nicht viel erfahrener als sie ist und sich mit den gleichen Themen und Problemen herumschlägt.

Gruppensupervision

Gruppensupervision bietet folgende Vorteile:

- Der Supervisand erhält bei der Fallbesprechung viele Anregungen und eine Auswahl unterschiedlicher Perspektiven.
- Jeder kann von den anderen lernen, wie sie mit ihren Fällen in der Beratungsarbeit umgehen.
- Supervisanden können eine breite Variation von Klienten und die Arbeitsweisen der Kollegen damit kennen lernen
- Die Vielfalt der Sichtweisen schützt als Korrektiv gegen blinde Flecken eines einzelnen Supervisors.
- Gruppensupervision ist auf jeden Fall sparsamer in Ausbildungssituationen, für ehrenamtliche Beratungsorganisationen und für Supervisanden mit geringem Verdienst.
- Die Zusammensetzung der Gruppen bietet nützliche Gelegenheiten zum Experimentieren mit Rollenspielen.

Dafür sind folgende Nachteile festzuhalten:

- Die Zeit reicht meistens nicht, um die Belange aller Supervisanden im Detail zu berücksichtigen.

1 Der Typus der Kollusionsbeziehung stabilisiert sich durch Übereinstimmung. Daher mangelt ihm die Grundlage allen Lernens: die Auseinandersetzungen und Fragwürdigkeiten, welche durch Unterschiede der Beteiligten entstehen. Grundlegend zur Kollusionsbeziehung: Willi (1975).

- Supervisanden können sich »verstecken« oder ihre Schwierigkeiten verharmlosen.
- Besonders in der Ausbildungssituation neigen Supervisanden dazu, miteinander zu konkurrieren oder zu intrigieren.
- Die breite Palette von Perspektiven jedes einzelnen behandelten Falles kann als Bombardierung mit Konflikten und nicht hilfreichen Sichtweisen erlebt werden.
- Im Laufe der Zeit kann die Dynamik der Gruppe interessanter als die Diskussion der aktuellen Fälle werden und ablenken.
- Die Vertraulichkeit ist etwas weniger geschützt.

Wir gehen davon aus, dass Gruppensupervision entweder von einem externen Supervisor geleitet wird (z.B. dem Ausbildungsleiter), durch ein gewähltes oder wöchentlich rotierendes Gruppenmitglied als Funktionssupervisor oder kollektiv von allen Gruppenmitgliedern. Jedes dieser Szenarien hat seine Vor- und Nachteile. Auf jeden Fall unterscheiden sie sich von der Einzelsupervision, in der klare Rollen herrschen. Der Gruppensupervisor hat auch andere Aufgaben als der Einzelsupervisor. Als Gruppensupervisor sind Sie verantwortlich für die Leitung, das Zeitmanagement, die Interpretation der Gruppendynamik, Konfliktlösung und andere anspruchsvolle Funktionen. Deshalb muss der Gruppensupervisor über Erfahrung und Ausbildung in Gruppendynamik, Gruppentherapie und Gruppensupervision verfügen. Trotz dieser Herausforderungen kann Gruppensupervision eine aufregende Angelegenheit werden, um neue und wirksame Arbeitsweisen zu erforschen und mit Klienten zu erarbeiten. Die meisten der hier genannten Techniken können auch in Einzelsupervisionen angewandt werden. Das Erkennen von und der Einblick in Parallelprozesse kann in Gruppen besonders gut erreicht werden, häufig mit faszinierenden Mehrfachparallelen.

Die angemessene Zeitaufteilung ist eines der größten Probleme. Die BAC-Regeln verbinden den Wert von Gruppensupervision damit, dass jeder Supervisand die angemessene Zeit und Aufmerksamkeit für seine Fälle erhält. Als Minimum wird für jeden Einzelnen 1 ½ Stunden pro Monat berechnet. Bearbeitet der Supervisand eine hohe Fallzahl, braucht er mehr Zeit. Als Leitlinie für den Studenten sollte eine Stunde pro Woche je acht Klienten berechnet werden (BAC 1990). Die britische Vereinigung für Psychologie schlägt ein Verhältnis von 1 : 5 vor (BPS 1993). (Interessanterweise fordern die amerikanischen Staaten ein Minimum von wöchentlich einer, zwei oder vier Stunden Supervision für Post-Magister-Bewerber. Einige Staaten verlangen, dass mehr als die Hälfte dieser geleisteten Stunden in Einzelsupervision stattfindet.) Als Gruppensupervisor müssen Sie sorgfältig die ethischen und organisatorischen Fragen erwägen, aus denen sich die Zeit für die einzelnen Supervisanden ergibt. Die Zeitbemessung ist aber auch von der Gruppengröße und der Dauer abhängig. Eine typische Gruppensitzung für Studenten hat drei oder vier Teilnehmer und dauert ca. zwei Stunden. Manche Supervisoren arbeiten lieber mit zwei bis drei Teilnehmern, dennoch können erheblich größere Gruppen entstehen. Es ist schwer vorstellbar, wie Gruppen mit mehr als fünf oder sechs Teilnehmern funktionieren können, vor allem bei dringenden Fallbesprechungen und wenn man davon ausgeht, dass jeder Supervisand Raum haben soll.

Intervision[1]

Intervision bietet folgende Vorteile:

- Expertenmacht in der Supervision wird minimiert.
- Die Teilnehmer können die Sitzungen nach der eigenen Praktikabilität organisieren.
- Die Bezahlung wird überflüssig.
- Die Teilnehmer bringen füreinander ein hohes Maß an Verständnis und Unterstützung für die verschiedenen Entwicklungsphasen und Bedürfnisse auf.
- Für sehr erfahrene Supervisoren ist dies häufig die Supervision der Wahl.

Mögliche Nachteile:

- Niemand besitzt die letzte Autorität oder ein Mandat, um z.B. unprofessionelles Verhalten zu melden.
- Die Teilnehmer vermeiden die Konfrontation, wo diese erforderlich wäre.
- Teilnehmern können Anteile der notwendigen Erfahrung und Fachlichkeit fehlen.
- Teilnehmer können Kollusionsbeziehungen entwickeln, oder es fehlen die Strukturen und die Techniken, um sich gegenseitig die erforderliche emotionale Abgrenzung zu bieten.

Vielleicht erfahren Sie selbst Intervision zu zweit oder in einer Gruppe. Intervision erfordert ein gewisses Maß an Vorerfahrungen mit Supervision. Sie eignet sich deshalb nicht für Anfänger, zumal Studenten in der Ausbildung noch nicht in der Lage sind, sich – wenn nötig – zu konfrontieren. Intervision ist jedenfalls preiswert und manchmal die einzige Möglichkeit, Supervision zu erhalten, z.B. für Berater in abgelegenen Orten ohne Supervisoren. Sehr erfahrene Berater, die selber Supervisoren sind, nehmen oft konsultative Unterstützung in Anspruch. In den USA und bei vielen Psychoanalytikern in Großbritannien ist die bevorzugte (und ethisch akzeptable) Art der Supervision gelegentliche Beratung durch ältere Kollegen, wenn sie mit besonders schwierigen oder unüblichen Fällen konfrontiert werden. Für britische Berater ist dies eine nützliche, zusätzliche Möglichkeit, aber nach den BAC-Regeln sollen Berater pro Monat mindestens 1 ½ Stunden formelle Supervision beanspruchen. Bei Supervisonskontrakten ist also Wachsamkeit geboten, damit die ethischen Standards nicht unterminiert werden.

1 Vgl. Anm. S. 46

Indem Sie als Supervisor Ihre eigenen Erfahrungen sammeln, sollten Sie sorgfältig über die Vor- und Nachteile von Einzel-, Gruppen- und andere Arten von Supervision nachdenken. Ihr persönlicher Stil und Ihre theoretische Orientierung lassen Ihnen möglicherweise die eine oder andere Form näher liegen. Je nach Arbeitssituation haben Sie vielleicht wenig Wahlmöglichkeiten und können sich nur auf die Erweiterung und Vertiefung Ihrer Fertigkeiten konzentrieren. Möglicherweise wird Ihnen klar, dass Ihnen Gruppensupervision nicht entspricht und sie geben Einzelsupervision bzw. verweisen Supervisanden an Gruppensupervisoren.

Merksatz:

Untersuchen Sie, welche Probleme und Vorteile die verschiedenen Formen der Supervision bieten, welche Herausforderungen sie bergen und wie Sie Ihre Fertigkeiten durch die Erfahrung dieser verschiedenen Formen vergrößern können.

Pflege und Nutzung der Supervisionsbeziehung

13. Steuern und thematisieren Sie die Beziehung zwischen sich und Ihren Supervisanden

Bei der Schaffung eines wirksamen Arbeitsbündnisses ist ein Teil der Vereinbarung zwischen Ihnen und dem Supervisanden auf eine offene Kommunikation konzentriert. Das offene Aushandeln bis zum Vertragsabschluss ermutigt beide Parteien, verbleibende Zweifel, Fragen oder Erwartungen zu klären. Vielleicht schlagen Sie Ihren Supervisanden anfangs vor, Feedback zur Supervision jederzeit, aber insbesondere in den Auswertungssitzungen, zu geben. Supervisanden kennen die Notwendigkeit der Herstellung und Pflege einer tragfähigen Beziehung mit ihren Klienten und erwarten das Gleiche von ihrem Supervisor. Anfängern kann es jedoch widerstreben, Zweifel oder Kritik zur Sprache zu bringen. Der Supervisor wird als allwissende, ausnahmslos korrekte Autorität wahrgenommen mit der Macht, andere zu beurteilen und durchfallen zu lassen. Je nach dem Grad Ihrer Erfahrung als Supervisor sind Sie sich möglicherweise über Ihren Einfluss auf den Supervisanden nicht bewusst. Vielleicht machen Sie sich Sorgen über den Eindruck, den Ihre Leistung bei den Supervisanden hinterlässt. Unbewusst können Sie die Rolle des weisen und unfehlbaren Supervisors spielen, vor allem dann, wenn Sie Ihren eigenen Mangel an Erfahrung empfinden. Kadushin (1968) weist darauf hin, dass das Supervisionsfeld vielfältige Möglichkeiten für »Spiele« bietet, sowohl für Supervisoren wie für Supervisanden.

Während einiges, was sich zwischen Supervisor und Supervisand abspielt, direkte, klinische Bedeutung hat (z.B. Identifikation und Verarbeitung von Parellelprozessen), können bestimmte indirekte Beziehungsfaktoren das endgültige Ziel behindern, den Klienten zu stützen. Dies muss beachtet werden, um Behinderungen zu vermeiden. Welches sind die häufigsten Hindernisse? In der Beratungsbeziehung kann es zu einem unglücklichen Zusammentreffen von Klient und Berater kommen, basierend auf Persönlichkeitsmerkmalen, Geschlecht, Rasse, sexueller Orientierung, kulturellen und Klassenfaktoren (vgl. Dryden/Feltham 1994b). Solche Passungsprobleme treten auch in Supervisionen auf. Sie sind zum Teil durch die relativ kleine Anzahl von Supervisoren und die damit verbundene Einschränkung der Wahlfreiheit bedingt. Conn (1993) diskutiert einige geschlechtsspezifische Fragen, z.B. die Tatsache, dass Leiter und ältere Praktiker meist Männer sind, die dann in der Supervision von Frauen in die Supervisonsbeziehung eher patriarchalische Attituden einbringen. Freiberuflich praktizierende Berater oder Studierende, die ihre Supervision selbst bezahlen, haben eine bessere Auswahlmöglichkeit, da sie gezielter sondieren können.

Deshalb sollten Sie gegenüber möglichen Spannungen und Konflikten in Ihrer Supervisionsbeziehung wachsam sein. Der Supervisand könnte Ängste oder Fragen unterdrücken, weil er ein echtes oder empfundenes Machtgefälle vermutet und sich vor Beurteilung oder Aufdeckung von Inkompetenz fürchtet. Unwissentlich erachtet er Sie als einen unfehlbaren, erfahrenen Fachmann, dies verstärkt Ihre Selbsteinschätzung, gut zu arbeiten, auch wenn es nicht stimmt. Die Supervision bietet einen günstigen Raum zur Entfaltung von Reaktionen, die auf Übertragung und Gegenübertragung beruhen. Damit muss auf jeden Fall umgegangen werden, damit der Arbeitsprozess nicht beeinträchtigt wird. Mearns (1991) verweist auf die personenzentrierte Tradition, die diese Fragen in Beziehung zur Kongruenz zwischen Supervisor und Supervisand untersucht. Er benennt folgende Möglichkeiten »unausgesprochener Beziehungen«:

- ungeklärte Meinungsverschiedenheiten über Ziele und Praxis von Beratung und Supervision,
- unausgesprochene Reaktionen des Beraters auf den Supervisor,
- unausgesprochene Reaktionen des Supervisors auf den Berater,
- unausgesprochene Vermutungen des Beraters über den Supervisor,
- unausgesprochene Vermutungen des Supervisors über den Berater,
- unausgesprochene Vermutungen des Beraters darüber, wie der Supervisor das Verhalten des Beraters erlebt,
- unausgesprochene Vermutungen des Supervisors darüber, wie der Berater das Verhalten des Supervisors erlebt.

Hier bestehen vielfältige Möglichkeiten für Missverständnisse. In einer Studie über das Unausgesprochene zwischen Klienten und Beratern (Regan/Hill 1992) wurde festgestellt, dass zwischen Vermutung und Realität häufig eine große Diskrepanz bestand und dass insbesondere negative Reaktionen unausgesprochen blieben, wodurch das therapeutische Arbeitsbündnis gefährdet wurde. In der Supervision wird vielleicht vorausgesetzt, dass die Reflexion des Klientenmaterials Vorrang vor der Pflege und Erhaltung der Supervisonsbeziehung hat. Auch die Angst, dass aus der berufsbezogenen Supervision eine personbezogene Beratung würde, kann zur Vermeidung jeder Erwähnung möglicher Übertragungen oder Gegenübertragungen führen. Ein starkes Arbeitsbündnis erlaubt jedoch jederzeit, von Sitzung zu Sitzung und in den Auswertungssitzungen, auf Beziehungshindernisse einzugehen. Hier einige Beispiele:

> Andrew fängt gerade an zu supervisieren und Ben, sein Supervisand, weiß es nicht. Beide machen sich Sorgen um ihre Leistungen. Ben sucht Beruhigung und Bestätigung dafür, dass seine Arbeit mit den Klienten angemessen ist, und bittet häufig um konkrete Vorschläge für Probleme, die ihm besonders schwierig er-

scheinen. Andrew, gleichzeitig bemüht, nützlich zu sein und Anerkennung zu bekommen sowohl von Ben wie von seinem eigenen Lehrsupervisor, fühlt sich zunehmend wie verknotet. Zuerst bietet er Ben genau die Art von Supervision, die dieser scheinbar braucht, und im nächsten Moment könnte er sich selbst treten, weil er dessen Arbeit übernimmt, und er zieht sich zurück. Ben wird durch diesen wechselnden Stil verwirrt. Wie soll ein solches Problem behandelt werden? Wer sollte die Reflexion über die Schwierigkeiten initiieren? Hier ist eine Möglichkeit, die Situation anzugehen:

Andrew: »Ich möchte mir etwas Zeit nehmen, um darüber zu reden, was hier gerade geschieht. Sie scheinen sehr viel Anleitung von mir haben zu wollen, die nur manchmal in dieser Form angebracht ist. Wenn ich jedoch zu direktiv werde, kann ich Sie daran hindern, Ihren eigenen Weg zur Lösung der Probleme zu finden. Es kann sein, dass ich aufgrund meiner Unsicherheit als Supervisor versuche, Ihre konkreten Probleme zu lösen, anstatt Sie Ihre Lösungen entwickeln zu lassen.«

Ben: »Nein, ich schätze besonders Ihre Hilfe bei Dingen, bei denen ich wirklich zu wenig Erfahrung habe. Manchmal nehme ich mir nicht genügend Zeit nachzudenken. Ich wußte nicht, dass Sie sich unsicher fühlen.«

Andrew: »Ja. Sehen Sie, ich hätte Ihnen gleich sagen sollen, dass ich noch nicht lange supervisiere. Ich habe aber viel Erfahrung als Berater.«

Ben: »Sie zeigen viel Verständnis für mich und die Gefühle der Klienten. Ich fragte gar nicht nach Ihrer Erfahrung als Supervisor, aber vielen Dank, dass Sie mir das jetzt erzählt haben.«

Dieser Dialog kann schwierig sein, aber hier ist er weniger schmerzlich als vermutet. Die offene Erklärung verbessert vielmehr die Supervisionsbeziehung.

Sarah, eine erfahrene Beraterin, muss sich im Rahmen einer Weiterbildung von Charles supervisieren lassen. Er ist erheblich älter als sie und offenbar sehr rigide und streng. Sarah spürt, dass die Supervision nicht gut verläuft, aber sie konnte sich ihren Supervisor nicht auswählen. Charles findet Sarah vage, undiszipliniert und unachtsam in der Organisierung der Rahmenbedingungen. Sie arbeiten seit einem halben Jahr zusammen, und Sarah befürchtet, bei der Beurteilung durchzufallen. Wie soll dieses persönliche Dilemma gelöst werden? Sarah ging bisher davon aus, dass ihr die neuen Ausbildungsinhalte Schwierigkeiten machten, jetzt scheint es ihr eher die Persönlichkeit von Charles zu sein. Im Bewusstsein der Möglichkeit des Scheiterns geht sie ein Risiko ein:

Sarah: »Es fällt mir sehr schwer, aber ich muss meine Sorge über unsere Zusammenarbeit aussprechen.«

Charles: »Was meinen Sie damit?«

Sarah: »Also, ich weiß nicht genau was los ist, aber wir scheinen miteinander nicht gut auszukommen. Bei früheren Supervisionen hatte ich das Gefühl von mehr Raum. Hier fühle ich mich, als ob ich mich fügen muss. Ich dachte, es wäre wegen der Ausbildung, aber nun bin ich nicht mehr so sicher.«

Charles: »Nun, ich habe mich ähnlich gefühlt. Vielleicht wehren Sie sich gegen die Ausbildung, aber auch ich spüre Abwehr gegen Sie.«

Wieder verdeutlichen wir, wie ein Gespräch durch die Kommunikation konstruktiver wird, weil beide Seiten rational in der Lage sind, einander zuzuhören. In diesem Beispiel hätte Charles Sarahs Einschätzung verwerfen können und sie allein für die persönlichen Unstimmigkeiten verantwortlich machen können. Reife, abgeklärte Supervisoren geraten selten in diese Situation, aber einige sind immer sehr rigide und widerständig gegen neue Ideen oder junge, energische Berater. Dies waren zwei Beispiele, aber es gibt offensichtlich Myriaden von Möglichkeiten in der Supervision, sich misszuverstehen. Um ungünstige Wirkungen in Arbeitsbündnissen zu minimieren, müssen im Erstgespräch möglichst klarer und wahrer Umgang miteinander und ständiges gegenseitiges Feedback vereinbart werden.

Merksatz:

Achten Sie auf die vielfältigen Wege, auf denen Sie und Ihre Supervisanden sich nicht optimal aufeinander beziehen können. Berücksichtigen Sie das Machtgefälle. Initiieren und unterhalten Sie einen fortlaufenden Feedbackprozess.

14. Vereinbaren und implementieren Sie Auswertungssitzungen

Manche Supervisanden sehen Sie wöchentlich, 14-tägig oder monatlich; einige müssen eine Auswertung nachweisen. Der Supervisand hat zwischen einem und 30 Klienten. Vor der Bearbeitung der laufenden, schwierigen und dringenden Fälle verschwindet der Überblick über alle Klienten und die Wahrnehmung der eigenen Entwicklungsfortschritte und der Supervisionsbeziehung tritt in den Hintergrund. Fehlen Sicherungsmechanismen, um gelegentlich Abstand und eine klare Perspektive der Supervisionsinhalte zu gewinnen, besteht die Gefahr der Schwächung des Arbeitsbündnisses (Bordin 1983) und einer Unterbewertung der Arbeit des Supervisanden. »Die Auswertung findet statt, ob sie explizit formalisiert ist oder nicht. Im Zweifel sind formalisierte und gegenseitige Auswertungsverfahren vorzuziehen.« (Davis 1989, S. 36)

Ihr Anfangskontrakt enthält den Vorschlag, dass »ich uns von Zeit zu Zeit, sagen wir alle drei Monate, eine Sitzung reserviere, um Abstand zu gewinnen und Ihren

Arbeitsfortschritt und unseren gemeinsamen Fortschritt zu reflektieren«. Meist stimmen die Supervisanden zu; wenn es aber so weit ist, sieht es ganz anders aus. Immer sind dringende Fälle zu besprechen und es gibt keine Zeit für die Auswertung! Erinnern Sie Ihren Supervisanden rechtzeitig daran, dass der Zeipunkt für eine Auswertungssitzung gekommen ist, z.B. die nächste Sitzung, und bitten Sie ihn, die Sitzung selbst zu gestalten. Welche Themen sollten von Ihnen und dem Supervisanden besprochen werden?

- »Wie läuft es mit mir?« Anfänger sind häufig nervös oder besorgt über ihren Fortschritt und fragen sich unterschwellig: »Bin ich als Berater gut genug?« Klares Feedback ist für sie besonders notwendig, weil sie davon ihr Gefühl ausreichender Professionalität ableiten. Wenn der Supervisor zu sehr fallbezogen arbeitet, um beim Umgang mit dem Klienten behilflich zu sein, vergisst er dabei, die Stärken und Defizite des Supervisanden zu beachten. Anfänger wollen oft wissen, ob sie ihr erlerntes theoretisches Wissen angemessen umsetzen und grundsätzlich richtig liegen. Solche Fragen müssen in der Supervision vorrangig behandelt werden.
- »Wie kommen wir miteinander aus?« Diese Frage sollte der Supervisor ab der vierten oder fünften Sitzung stellen und dann wieder in der Auswertungssitzung. Die Frage bezieht sich darauf, ob das Arbeitsbündnis stark genug ist und die Übereinkünfte, die Ziele und die Aufgaben von beiden geteilt werden (Bordin 1983). »Haben wir ein gesundes Verhältnis zueinander?«; »Haben wir ähnliche Ziele in der Supervision?«; »Sind die gemeinsam verwendeten Ansätze sinnvoll und verständlich für uns beide?« Sie bezeichnen die hervorstechenden Untersuchungsbereiche. Der Supervisor kann auch detaillierter fragen: »Sind Sie mit unserem ursprünglichen Kontrakt einverstanden oder sollte etwas verändert werden?«, oder: »Als ich Ihnen damals sagte, Sie sollten den Klienten in Gedanken auf den Stuhl dort setzen und ihm sagen, wie Sie sich fühlen, war das hilfreich oder nicht?«, oder: »Ich empfinde manchmal, dass Sie etwas Bestimmtes sagen wollen, sich aber nicht trauen. Stimmt das?« Eine andere Methode, detaillierte Informationen vom Supervisanden über seine Wahrnehmung der Supervisionsqualität zu gewinnen, besteht in der Verwendung eines umfangreichen Fragebogens (vgl. Bernard/Goodyear 1992). Er wurde entwickelt, um die Ansichten des Supervisanden über seinen Supervisor sichtbar zu machen.
- »Was waren bisher die Hauptthemen der Supervision?« könnte der dritte Punkt sein. Dabei geht es um sich wiederholende Themen. Supervisand und Supervisor bringen ihre eigenen Sichtweisen über die wichtigsten, drängenden oder sich wiederholenden Themen ein. Ihre Ansichten können differieren. Der Supervisand sagt z.B.: »Na ja, meine Hauptsorge ist, ob ich im Bezugssystem des Klienten bleibe«, während der Supervisor überlegt: »Mich interessiert hauptsächlich Ihr offensichtlicher Widerstand dagegen, Klienten herauszufordern.« Problematischer ist es, wenn sich der Supervisand um die ausreichende Anzahl seiner Pflichtsupervisionen in einem bestimmten Zeitraum sorgt und Sie sich Gedan-

ken über Schwierigkeiten machen, die in seiner unerkannten Gegenübertragung begründet liegen. Es kann sich um negative oder positive Punkte handeln und Supervisand und Supervisor können darin übereinstimmen oder sie ganz merkwürdig finden. Zwischen erfahrenen Praktikern entstehen solche Konflikte seltener, da sie die wesentlichen Themen besser erkennen (Goldberg 1992).

Die vorstehenden Auswertungsthemen sind bewusst sehr allgemein gehalten. Ein anderer Ansatz wäre, detaillierte Aspekte der Arbeit des Supervisanden zu ergründen. Besonders mit Anfängerberatern sollte man die genaue Überwachung der Arbeit vertraglich aushandeln, z.B. durch Tonbänder oder Transkripte. Daran sollte eine genaue Auswertung über die Internalisierung der beruflichen Fähigkeiten und der Umsetzung von Theorie anschließen. Diese Vorgehensweise ist schwierig, ohne die Rückgriffsmöglichkeit auf Fragebögen oder andere schriftliche Auswertungen. Bradley (1989) nennt mehrere Themen, die behandelt werden sollen. Davis (1989) bietet eine vereinfachte Gliederung, die auf konzeptioneller Befähigung, klinischer Ausführung und persönlichem Lernen des Supervisanden basiert. Typische Details sind: Verständnis und Gebrauch der Beratungstechniken und Strategien, Falldarstellungen, theoretische Reflexionen, ethische und professionelle Grenzen. Die Berater können sich dabei selbst beurteilen, aber Ihre Beurteilung ist besonders gewichtig, vor allem, wenn Sie auch für die Benotung verantwortlich sind. Sie können aus der Beurteilung eine Übung machen, indem Sie Ihre eigene mit der Meinung der Supervisanden vergleichen und die eventuell dabei auftretenden Unterschiede diskutieren. Bestimmte Bereiche sind bei fehlenden, unmittelbaren Kenntnissen der Arbeitsfähigkeit sehr schwer zu erfassen. Noch schwieriger ist die Informationserfassung von Klientenbeurteilungen über ihre Berater (Hope 1989).

In der Zusammenarbeit mit erfahrenen Beratern im Stadium von »Lehrling« und »Geselle« (vgl. Hawkins/Shohet 1989; s. auch Kap. 4) lässt sich gemeinsam überlegen, auf welcher Ebene und in welcher Art die Beurteilung für sie wertvoll ist. Berater und Supervisoren in Privatpraxen sind nicht verpflichtet, regelmäßige formelle, schriftliche Auswertungen zu machen; aber es ist eine gute Praxis, die eigene Kompetenz und Entwicklung im Auge zu behalten. Der Supervisand könnte z.B. das Tonband einer vollständigen Sitzung oder eine detaillierte Falldarstellung anbieten, die von beiden gemeinsam umfassend analysiert und besprochen wird. Die Auswertungssitzungen sollten wie normale Sitzungen in Rechnung gestellt werden.

Auswertungen sind Zwei-Wege-Prozesse, genau genommen sogar Drei-Wege-Prozesse mit dem Klienten als Kern der Sache, und Sie als Supervisor wollen vom Supervisanden ein formelles Feedback zu Ihrer Arbeit haben. Vielleicht verlassen Sie sich auf ein verbales Feedback von Ihrem Supervisanden und Ihrem Kontrollsupervisor oder Konsultanten. Eine alternative Methode ist die Benutzung eines Fragebogens mit Ihren Supervisanden. Ein Vorteil davon ist die Überwindung der Hemmschwelle von Supervisanden gegenüber negativen verbalen Meinungsäußerungen. Außerdem liefert der Fragebogen eine systematische, detaillierte Auflistung von Stellungnahmen. Hart (1982) und Borders/Leddick (1987) bieten Beispiele solcher Fragebögen an. Wenn Sie damit arbeiten, sollten Sie die Supervisanden zu Offenheit ermutigen und nach der Auswertung eventuelle Verbesserungsvorschläge bedenken und umsetzen. Diese Übung verlangt eine nicht-autoritäre Haltung. Entsprechend ist bei der Auswertung die Herstellung einer Atmosphäre wichtig, in der beide Parteien das Recht der anderen auf konstruktives Feedback respektieren. Housten betont, dass »eine Auswertung weder dem Aufblasen von Selbstzufriedenheit dient, noch der säuberlichen Aufteilung von Schuld« (1990, S. 90).

Merksatz:

Vereinbaren Sie im Kontraktgespräch periodische Auswertungssitzungen, die Gelegenheit für konstruktives, gegenseitiges Feedback bieten, und benutzen Sie dafür Instrumente, die den Bedürfnissen von Entwicklung und Beurteilung am besten entsprechen.

15. Erlauben Sie Supervisanden, negative Gefühle über Klienten und Beratung auszudrücken und zu erkunden

Die Idee von Supervision enthält so starke Bilder, dass viele Berater glauben, sie müssten das Geschäft der Supervision sehr ernst betreiben, ihre Arbeit immer überzeugt vertreten und nie Zweifel an ihrer Eignung zulassen. Wir finden diese Haltung unrealistisch. Kein Berater kann alle Klienten mögen, jede Sitzung genießen oder durch die Beratertätigkeit hindurchsegeln, als ob es noch nie Stressmomente, Frustrationen und negative Aspekte gegeben hätte. Für Anfänger ist die Lage besonders kompliziert, weil sie von Personen supervisiert werden, die sie gleichzeitig im Rahmen der Ausbildung beurteilen. Sie sind sich oft unsicher in Bezug auf ihre Kompetenz und darüber, was als Berufswahl vor ihnen liegt. Alle Berater erleben demotivierende Phasen und besonders herausfordernde Klienten während ihres Berufsverlaufs. Hier schauen wir nun einige der wiederkehrenden schwierigen Erfahrungen von Beratern in der Beratung an und wie diese in der Supervision in Erscheinung treten können.

- Berater verinnerlichen die Wichtigkeit der Nichtbeurteilung, dennoch finden sie das Verhalten einiger ihrer Klienten inakzeptabel.
- Berater haben eigene Verletzlichkeiten, die von Klienten erkannt werden und damit die Zusammenarbeit für den Berater bedrohlich machen.
- Einige Klienten sind schlecht motiviert und bieten wenig Arbeitsansätze für den Berater.
- Sieht der Berater bei einzelnen Klienten oder bei seinen ganzen Fällen wenig Fortschritte, fühlt er sich demoralisiert.

- Erst, wenn Berater vollkommen in der Arbeit aufgehen, können sie Freude, Herausforderung und Stress erleben.
- Berater können vom Schmerz bestimmter Klienten oder Gruppen überwältigt werden.
- Manchmal erleben Berater im eigenen Leben Probleme, die vorübergehend die Arbeit erschweren.
- Spezielle Klienten »nerven« den Berater, gehen ihm infolge bestimmter Faktoren der Gegenübertragung »unter die Haut.«

Zweifellos gehört einiges davon in die persönliche Beratung des Beraters. Dennoch, einige sind Fragen der professionellen Entwicklung, des organisatorischen und des Fallmanagements, des Parallelprozesses und der projektiven Identifikation und anderer konzeptueller Sachverhalte, die den Schlüssel zur Hilfe oder dem Schutz von Klienten enthalten. Kapitel 3 klärte die Grenzen; hier soll die legitime Nutzung von Supervision zur persönlichen Stabilisierung dargestellt werden; Inskipp/Proctor (1989) nennen diese Funktion Wiederherstellung (restoration). Man kann nicht von vornherein davon ausgehen, dass alle emotionalen Reaktionen auf Stress und Herausforderung in der Beratung psychischen Fehlleistungen des Beraters entstammen. Beratung löst meistens Stress aus (Dryden/Varma 1994), der Supervisor soll die Wirkung dieses Stresses auf die Supervisanden kontrollieren. Sie können den Supervisanden behilflich sein, folgende Phänomene zu erkennen:

- Projektive Identifikation, der Berater erlebt einige der Gefühle oder die Dynamik des Klienten.
- Berater und Klient passen nicht zusammen, der Klient sollte mit einem anderen Berater zusammenarbeiten.
- Störende Gegenübertragung des Beraters, sie erfordert Untersuchung oder Therapie.
- Eine zu hohe Fallzahl, sie erfordert Neuordnung durch den Berater oder dessen Vorgesetzte.
- Erheblicher Stress oder Burnout, erfordert eventuell kurzzeitigen oder längeren Rückzug aus dem Beruf.

Nehmen wir beispielsweise Marjorie, die seit einem Jahr mit einem depressiven jungen Mann arbeitet. Die Beratung kommt nicht voran. Sie bemüht sich um Geduld und teilt ihm Aufgaben zu, alles ohne Erfolg. Sie hat noch drei oder vier ähnliche Klienten. Ihr Privatleben ist zurzeit belastet, weil ihr Vater vor drei Monaten starb, und die laufende Beziehung zu ihrem Partner ist schlecht. Sie ist eine erfahrene Beraterin und hat eine eigene, längere Therapie hinter sich. Der Supervisor ist überzeugt, dass sie ihre Probleme überwinden wird und unterstützt sie tatkräftig. Marjorie scheint zwischen ihren eigenen Sorgen und denen ihrer Klienten gut unterscheiden zu können. Aber dieser eine Klient beunruhigt sie besonders: »Er zieht mich ständig herunter und am liebsten würde ich ihn los werden!«

Wie sollte der Supervisor hier intervenieren? Provozierend wäre der Vorschlag, erneut Hilfe in einer Therapie zu suchen, um den Zusammenhang zwischen ihrer Trauer, ihrer laufenden Beziehung und ihrem schwierigen (männlichen) Klienten zu analysieren, oder die Arbeit mit ihm zu beenden oder ihn weiterzureichen. Was kann der Supervisor noch tun?

Supervisor: »Sie erleben im Moment eine harte Zeit, und doch schaffen Sie es, Anthony zu vermitteln, dass Sie sich intensiv mit ihm beschäftigen. Ich weiß, dass es ihm letztes Jahr erheblich schlechter ging, bevor er zu Ihnen zur Beratung kam. Also, vielleicht leisten Sie bessere Arbeit, als Sie vermuten. Ich empfinde auch, dass Sie sagen möchten, ›Was ist mit mir? Ich brauche im Moment auch Unterstützung, weil ich mit so vielen Problemen im eigenen Leben und an der Arbeit kämpfe!‹«

Marjorie: *(lachend)* »Ja, genau getroffen! Ja! Ich weiß, dass hier nicht der Ort ist, darüber zu reden, aber in letzter Zeit frage ich mich, wie viel ich eigentlich aushalten kann? Ich gebe und höre die ganze Zeit zu und bekomme dafür wenig zurück. Vielleicht erwarte ich von Anthony, dass er mich für meine Bemühungen belohnt.«

Supervisor: »Ich denke, wir arbeiten schon lange genug zusammen, dass ich weiß, Sie tappen nicht in die Falle der Klientenbelohnung hinein. Im Moment ist Ihr Leben schwer und das äußert sich hier. Für mich ist es o.k., wenn Sie etwas darüber reden wollen, wie es Ihre Arbeit tangiert.«

Der Supervisor macht nicht den Fehler, Therapie anzubieten oder zu empfehlen. Er geht aber auf Marjories Bedürfnisse ein. Durch die längere Supervision weiß er, dass sie sehr gut arbeitet. In der Reflexion über ihren Klienten verneint sie ihre bisherige gute Arbeit. Er will ihr genug Zeit geben, ihre negative Stimmung zu verlassen. Ihr Lachen bestätigt, sich erkannt und verstanden zu fühlen; Bestätigung und Katharsis können weit reichen. In anderen Fällen können Berater am Ende sein und therapeutische Hilfe benötigen.

Erfahrene Supervisoren erkennen den Unterschied zwischen vorübergehenden Schwierigkeiten, Desillusionierungen und schwerwiegenden Blockaden. Supervisoren sollten sich sicher und flexibel genug fühlen, um Unterstützung in Zeiten von besonderer Not anbieten zu können. Sie sollten Supervisoren ermutigen, sich selbst nicht zu verurteilen, wenn sie negative Reaktionen empfinden, noch sie zu verstecken, sondern sie anzuerkennen und davon zu lernen.

Merksatz:

Erlauben Sie Supervisanden, ihre Gefühle und Reaktionen auf Klienten und Klientengruppen und die Arbeit im Ganzen zu äußern und entscheiden Sie gemeinsam im Rahmen Ihres Kontraktes, wie die Probleme am besten untersucht und bearbeitet werden können.

16. Bieten Sie konstruktives und klares Feedback an

Friedlander u.a. definieren Feedback in diesem Kontext als »eine Aussage mit einer expliziten oder impliziten Bewertungskomponente, die sich auf Meinungen, Ideen, Emotionen oder Verhalten des Studenten oder auf Aspekte der Studenten-Supervisor-Beziehung bezieht« (1989, S. 151). Natürlich findet Feedback auch zwischen erfahrenen Beratern und ihren Supervisoren statt. Wir stimmen Bernard/Goodyear (1992) zu, dass man die komplette Kommunikation – implizit und explizit, verbal und nonverbal – zwischen Berater und Klient und Berater und Supervisor als Feedback verstehen kann. Ein Supervisor muss sich genau überlegen, was er verdeutlichen will und in welcher Weise, damit es die Arbeit der Supervisanden verbessert. Rioch (1980) verweist darauf, dass viele Supervisoren mit eigenen intelligenten Interpretationen die Klienten der Supervisanden erklären, aber mit diesen »brillanten Ausführungen« sind die Supervisanden oft nicht besser ausgestattet, um ihren Klienten zu helfen.

Egal welches Modell von Beratung und Supervision Sie vertreten und worauf Sie vorzugsweise fokussieren, es lohnt sich, genau zu überlegen, was Sie erreichen wollen und ob Ihr Feedback klar, konstruktiv und so hilfreich wie möglich ist. Welche Faktoren verhindern klares Feedback? Hier einige Beispiele:

- Vorannahmen über den Berater, seine Kenntnisse und sein professionelles Vokabular können den Supervisor verleiten, auf zu niedrigem Niveau oder über dessen Horizont hinaus mit ihm zu reden.
- Unterschiede in der Kultur, Klasse oder anderen signifikanten sozialen Variablen zwischen Supervisanden und Supervisor können zu Missverständnissen führen, wie soziolinguistische Untersuchungen belegen.
- Die unterschiedlichen, bevorzugten Modalitäten des Beraters und Supervisors können zu Missverständnissen im Ausdruck führen; z.B. beim Gebrauch visueller Metaphern durch den Supervisor zur Verdeutlichung eines Arguments, während der Supervisand ein »Macher« ist, der Visualisierungen nicht versteht (Lazarus 1989).
- Die emotionale Reaktion des Supervisors auf den Berater kann aus Doppelbotschaften oder überwältigender Kritik bestehen; z.B. in einer Diskrepanz zwischen offenen Streicheleinheiten und nonverbalen Verurteilungen oder autoritären Ausbrüchen.
- Der Supervisor gibt unspezifisches Feedback in allgemeinen Begriffen, wie »Ich denke, Sie machen das sehr gut« oder »Sie müssten noch vieles verbessern.« Daraus lassen sich keine genauen Reflexionsbereiche ableiten.
- Der Supervisor, in aufgeregter oder begeisterter Stimmung, bringt gleichzeitig zu viele Gedanken und Anregungen in die Diskussion, sodass sich der Supervisand durch zu viel unterschiedliches Feedback bombardiert fühlt.

Man könnte diese Punkte weiterführen, aber sie zeigen bereits die Möglichkeiten falscher Kommunikation. Supervisanden schreiben den Supervisoren Autorität zu. Deshalb machen sie sich selbst Vorwürfe, wenn sie nicht verstehen oder sich nach der Sitzung nicht mehr erinnern, was ihre Supervisoren gesagt oder gemeint haben. Halten Sie inne und stellen Sie fest, ob Sie wirklich verstanden wurden, kultivieren Sie die Praxis der Zusammenfassung aller Sitzungsthemen vor Ende jeder Sitzung, oder beziehen Sie den Supervisanden mit ein. Zur Verdeutlichung einige Beispiele guten und schlechten Feedbacks:

Supervisand: »Ich fühle mich bei dieser Klientin sehr gut, weil sie weniger depressiv als früher ist und sie beginnt, in ihrem Leben Dinge zu riskieren.«
Supervisor: »Genau das macht mir Sorgen. Risiken einzugehen ist nicht unbedingt ein Zeichen von geistiger Gesundheit, und ich habe das Gefühl, dass hier etwas nicht stimmt. Diese Flucht in die Gesundheit sollte nicht nur oberflächlich wahrgenommen werden. Was sagt die Klientin Ihnen wirklich?«
Supervisand: »Bitte?«
Supervisor: »Wovor will sie durch ihr Verhalten warnen?«
Supervisand: »Also, ich fand nichts Negatives oder Kompliziertes dabei ...«
Supervisor: »Schauen Sie, ob Sie nächstes Mal nicht herauskriegen können, welches Spiel hier gespielt wird.«
Supervisand: »Das Spiel? Eh ... ja, ja, mach ich.«

Dieses Beispiel zeigt einen Supervisor, der das Verständnis des Falles durch den Berater zu oberflächlich findet, aber unfähig ist, seine Sichtweise zu erklären. Der Supervisor fragt gar nicht nach dem aktuellen Stand der Risiken und setzt voraus, es handele sich um »Ausagieren« und Vermeidung. Der Begriff »Flucht in die Gesundheit« wird benutzt, ohne dessen Bedeutung mit dem Supervisanden zu klären. Der Supervisor lässt weitere autoritäre Interpretationen und Herausforderungen folgen, bis der Supervisand verwirrt ist, sich wahrscheinlich unfähig und demoralisiert fühlt und so tut, als ob er verstanden habe und konform gehe. Das Feedback wäre besser gewesen, wenn der Supervisor behutsamer vorgegangen wäre, eine einfachere Sprache gebraucht, seine eigene Sicht erklärt und diese eher als Alternative denn als korrekte Sichtweise präsentiert hätte. Hier ist ein anderes Beispiel:

Supervisor: »Vielen Dank für Ihre detaillierten Fallnotizen. Ich denke, jetzt habe ich ein klares Bild vom Klienten und von dem, was Sie versuchen zu leisten. Wenn Sie einverstanden sind, möchte ich auf ein oder zwei Bereiche hindeuten, die für mich noch nicht klar sind.«
Supervisand: »Ja, natürlich. Ich möchte es gern hören.«
Supervisor: »Sie sagten, dass Ihr Klient in Tränen ausbrach, als Sie erwähnten, dass Ihre Mutter gestorben ist. Ich bin nicht sicher, was diese Aussage ihm bedeutete und was Sie damit bezwecken wollten. Ich stelle

fest, dass Sie relativ viel von sich erzählen, und ich möchte verstehen, warum Sie das an dieser Stelle taten.«

Supervisand: »Ja. Nun, ich spürte, dass meinem Klienten der Tod seiner Mutter sehr nahe ging, aber er war nicht fähig, darüber zu sprechen. Ich wollte ihm damit signalisieren, dass es erlaubt und wichtig ist, darüber zu sprechen. Wollten Sie damit sagen, dass ich zu häufig über mich rede?«

Supervisor: »Nein, wollte ich nicht. Ich wollte einfach Ihre Denkweise erfassen. Nun verstehe ich Ihre Absicht und das scheint eine nützliche Intervention zu sein. Es ist in Ordnung. Ich möchte Ihnen auch sagen, dass Sie meiner Meinung nach mit diesem Klienten bisher gut gearbeitet haben. Ich meine damit, dass Sie sehr genau begriffen haben, was er braucht und Sie waren ihm behilflich, sich zu öffnen und zu entwickeln.«

Dieser Supervisor war viel klarer. Das Feedback forderte den Supervisanden zur Begründung seines Handelns heraus, ohne ihn jedoch anzugreifen. Es gab klares Feedback für spezifische Interaktionen, verbunden mit allgemeinem positiven Feedback. Es wurde nur wenig bis kein Jargon gebraucht, und der Supervisor war bereit, die eigenen Schlussfolgerungen darzulegen und sie, wenn nötig, sogar anzupassen.

Supervisorisches Feedback muss nicht immer positiv, aber sollte immer konstruktiv sein. Auch die Vermittlung von Kritik, Zweifel oder Billigung sollte immer konstruktiv geschehen, damit der Supervisand davon lernen kann. Feedback sollte spezifisch, im Zusammenhang, ohne Jargon, beiden verständlich und nützlich sein. Gelegentlich kann der Supervisor Feedback auf eine hitzige, leidenschaftliche, spontane oder irritierende Art geben, damit es beim Supervisanden »Bände spricht.« Ein solch kongruentes Feedback ist nicht nützlich, wenn Ihre Intention nicht verstanden und es von der unmittelbaren Arbeit mit Klienten isoliert wird. Wenn Sie ein leidenschaftliches Feedback geben, prüfen Sie danach, ob Sie richtig verstanden wurden!

Merksatz:

Berücksichtigen Sie die Qualität der Kommunikation zwischen Ihnen und Ihren Supervisanden und die vielen Möglichkeiten der Gefährdung der Klarheit und bemühen Sie sich in jeder Sitzung um verbessertes, konstruktives Feedback.

17. Vermeiden Sie eine »kuschelige« oder kollusive Supervisionsbeziehung

Das Supervisionsklima ist häufig kollegial, zumal, wenn nicht bewertet wird. Berater sind zwar gelegentlich wegen ihrer Fallkompetenz unsicher, nehmen aber Beurteilungen eher locker. Supervisoren und Supervisanden erleben häufig, dass sie für den Klienten im gleichen Boot sitzen, und kooperieren freundlich. Manche Supervisoren empfinden Supervision gegenüber Beratungstätigkeit entlastend, und gehen sie deshalb leger an. Da die Klientenprobleme nur aus zweiter Hand in die Supervision kommen und der Supervisor nicht beraten soll, ist Supervision nicht unmittelbar emotionsgeladen. Selbstzahler werden sich eher einen Supervisor wählen, bei dem sie sich behaglich fühlen, und in Intervisionsgruppen finden sich gleich gesinnte Kollegen. Im Zusammenwirken dieser Faktoren kann zwar ein freundliches Klima entstehen, dem aber die Herausforderung fehlt.

Keinesfalls stellt eine sich reibende, konfrontative oder inquisitorische Supervisionsbeziehung ein besseres Szenarium dar! Bestimmte therapeutische Ansätze, z.B. abstinentes Verhalten des Beraters bei einengender Kontrolle des therapeutischen Rahmens, können ein sehr karges Klima reproduzieren. Wir sprachen mit Beratern, die ihre Supervision als »Schikane« erlebten, d.h., der Supervisor schien zu beabsichtigen, nur zu kontrollieren, auszufragen, zu kritisieren und selten zu unterstützen. Nach Strozier u.a. (1993) wird dem Supervisanden primär durch unterstützende, erforschende, umstrukturiende und Beziehungsfaktoren geholfen. In dieser Untersuchung schätzte der Supervisand die Ermutigung, die ihn in seiner Klientenarbeit weiterbrachte, während die »Herausforderung« von ihm nicht als hilfreichster Faktor wahrgenommen wurde. Es deckt sich mit unseren Erfahrungen als Supervisoren, dass Supervisanden am besten durch eine zweckgerichtete supervisorische Aufgabenplanung geholfen wird, die ein hohes Niveau von Unterstützung und Erforschung einschließt und aus der sich im Kontext Herausforderungen ergeben.

Das Prinzip »Herausforderung, aber nicht Überwältigung« (Dryden 1991a) ist sowohl auf Supervision wie auch auf Beratung anzuwenden. Danach soll ein zu niedriges oder zu hohes Niveau der Anregung vermieden werden, das bevorzugte Niveau soll für jeden Supervisanden hilfreich sein. Nach unserer Beobachtung sind erheblich aggressiv oder passiv orientierte Beratungsmodelle für die Klienten wenig hilfreich (Dryden/Feltham 1994b). Ein gewisser Dissens kann in der supervisorischen Beziehung als Hebelwirkung für die Beteiligten nützlich sein. In Kontrast hierzu steht das Szenarium, in dem beide Parteien große Nähe und Wärme füreinander empfinden und auf gegenseitigem Einvernehmen beruhende theoretische Auffassungen vertreten. Diese Kombination kann zwar gegenseitige Herausforderungen zwischen Supervisor und Supervisand einschließen, aber sie begünstigt ein zu hohes Maß an Übereinstimmung oder einen zu engen Arbeitsansatz (vgl. Kap. 19). Ausgehend von der Verpflichtung zu Echtheit in der personzentrierten Tradition würden Supervisor und Supervisand diese Qualität in ihrer Arbeitsbeziehung kontrollieren und die Verantwortung für notwendigen Dissens übernehmen.

Ein Indiz für eine zu »kuschelige« supervisorische Beziehung könnte die Dauer der Supervision sein. Zwar besteht keine eindeutige Zeitbegrenzung, aber einige Autoren vertreten zwei Jahre als Obergrenze für Supervisionsbeziehungen. Supervisieren Sie jemanden bereits seit mehreren Jahren, denken Sie über die Entwicklungsmöglichkeiten für den Berater und die Effektivität für den Klienten nach. Es geht hierbei nicht um ein Prinzip, sondern um die Erkenntnis, dass lang andauernde (Supervisions-)Beziehungen ihre Veränderungspotenz verlieren[1].

Die Gegenübertragung des Supervisors bietet eine Möglichkeit zur Kontrolle. Wie fühlen Sie sich mit Ihrem Supervisanden? Was sind Ihre vorrangigen Gedanken, Gefühle oder Vorstellungen zum Supervisanden? Welche flüchtigen Gefühle und Vorstellungen haben Sie während jener Sitzungen, die sich spezifisch auf Ihren Supervisanden beziehen? Erleben Sie Momente oder Stunden des Unbehagens? Sind Sie sich bewusst, wie sehr Sie Ihren Supervisanden mögen und mit ihm auf einer Wellenlänge liegen? Gibt es Beispiele erotischer Gegenübertragung? Kurz gesagt, was gibt es zwischen Ihnen und Ihrem Supervisanden, das sich nicht strikt auf die Klientenarbeit bezieht? Wir wollen keinesfalls suggerieren, es sei falsch oder störend, seine Supervisanden zu mögen. Wir regen vielmehr an, von Zeit zu Zeit die Gewinne und Verluste der laufenden Supervision zu bilanzieren. Wie groß ist die Gefahr blinder Flecken zwischen Ihnen? Diese Art von Fragen sollten Sie mit Ihrem Kontrollsupervisor oder Konsultator besprechen.

Falls Sie tatsächlich vermuten, dass in der Beziehung zu viel Intimität oder Lockerheit herrscht, wie sprechen Sie das Thema mit Ihrem Supervisanden an? Schauen wir uns ein Beispiel an:

Supervisor: »Ich stelle fest, dass wir uns seit 3½ Jahren treffen. Ich arbeite sehr gern mit Ihnen zusammen. Ich frage mich in letzter Zeit, ob wir nicht stärker über Ihre Zukunft nachdenken sollten, ob die Zusammenarbeit mit mir noch immer das Beste für Sie ist oder ob nicht ein Wechsel ergiebiger wäre?«

Supervisand: »Ja, ich hatte noch gar nicht darüber nachgedacht. Wie Sie genieße ich unsere Sitzungen und gewinne hier viel. Es tut mir gut, hierher zu kommen.«

Supervisor: »Ich glaube nicht, dass es zwischen uns irgendein großes Problem gibt. Was ich meine ist, dass Ihre professionelle Entwicklung durch einen Wechsel des Supervisors gefördert werden kann, z.B. jemand mit einer anderen Orientierung oder anderem Geschlecht.«

Supervisand: »Nun, vielleicht haben Sie Recht. Ich werde darüber nachdenken.«

1 In systemischer Betrachtung muss der Veränderer dem zu verändernden System so ähnlich sein, dass ihn die Grenzwächter des Systems einlassen, aber so unähnlich, dass er im System verändernd wirkt. Je länger er dem System angehört, desto ähnlicher wird er ihm und verliert dadurch seine Veränderungspotenz. Sozialwissenschaftlich wurde diese Erscheinung erstmals in der Anthropologie beobachtet und treffend als »Verkafferung« bezeichnet.

Dieses Beispiel zeigt ein beiderseitiges Zögern, sich mit der Beendigung oder Veränderung des Verhältnisses zu konfrontieren, doch man spürt, dass der Supervisor das Bedürfnis hat, darüber zu sprechen. Er beginnt über Gründe für einen Wechsel zu reden, aber auch andere Inhalte, die eine Veränderung mit sich bringen könnte; wie z.B. ein neuer theoretischer Zugang oder ein anderes Gegenüber der Geschlechtsrolle. Manchmal scheint diese Diskussion aus dem Nichts zu entstehen, aber wenn Sie regelmäßige Auswertungssitzungen ansetzen, steht die Frage meist auf der Tagesordnung: »Wie lange sind wir schon zusammen und ist diese Arbeitsbeziehung für Ihre Bedürfnisse und für Ihre Klienten weiterhin bereichernd?«

Merksatz:

Halten Sie Ausschau nach Tendenzen der Abflachung, Bequemlichkeit, Verzögerungen oder verminderter Herausforderungen in Ihrer Arbeitsbeziehung und suchen Sie Abhilfe durch klärendes Gespräch oder korrigierende Maßnahmen.

Nutzung der Entwicklungsmöglichkeiten der Supervision

18. Fokussieren Sie auf die Wissensbestände der Supervisanden und fordern Sie die Übersetzung von der Theorie in die Praxis

Beratung ist eine zweckgerichtete Tätigkeit, die auf einem wissenschaftlichen Fundament ruht. Alle anerkannten Ausbildungen müssen nach den BAC-Anforderungen (vgl. Kap. 2) auf einem theoretischen Kernmodell beruhen (vgl. Kap. 5.). Diese Anforderung unterstreicht die Wichtigkeit von Beratungspsychologie und anderen konzeptionellen Bereichen zur Entwicklung und Unterstützung der Beratertätigkeit. Gelegentlich protestiert ein Student, wenn er seinen Arbeitsansatz erläutern soll: »Ich gebrauche einfach meine Intuition.«, oder: »Es hat sich einfach richtig angefühlt.« Intuition und Gefühl sind tatsächlich zentrale Komponenten der Beratungstätigkeit, aber mit ihnen kann nicht die ganze Arbeit gerechtfertigt werden. Intuition und Gefühl können durchdacht, erläutert und untersucht und müssen u.E. in der Supervision erforscht werden. Auch wenn Gefühle, Ahnungen und Ähnliches wesentliche Anteile verschiedener theoretischer Orientierungen darstellen, wie z.B. in den humanistischen Ansätzen, müssen Supervisoren die Supervisanden ermutigen – und im Ausbildungssetting auffordern –, ihre affektiven Methoden zu belegen. Goldberg (1992) empfiehlt »Emotion als Führer zum Ziel« und Back (1973) belegt die entscheidende Rolle des »Theorie-Input« in den besonders experimentellen Selbsterfahrungsgruppen.

Bezogen auf die Theorieaneignung benötigen Studenten und Berater am Anfang ihrer beruflichen Entwicklung die Fokussierung und Herausforderung besonders. Sowohl die durch Dryden/Spurling (1989) wie auch durch Goldberg (1992) dargestellten Therapeutengruppen äußerten eine gewisse Unzufriedenheit mit ihrer ursprünglichen theoretischen Ausbildung. Berufliche und Lebenserfahrung scheint die Praktiker zu zwingen, ihre Ansichten anzupassen. Aber ist daraus abzuleiten, dass die theoretischen Anteile der Ausbildung nebensächlich sind? Wir sind nicht dieser Meinung. Die Anforderung der BAC, dass Berater »reflektierende Praktiker« sein sollen (BAC 1990) verlangt Offenheit für Theorienpluralität zu menschlichen Funktionen und Dysfunktionen, Behandlungsmodellen, Theorien lebenslanger Entwicklung und psychiatrischen und ethischen Fragen, um die eigenen »naiven« Ansichten zu überprüfen. In der Beratungspraxis besteht die immense Gefahr, sich gegenüber Neuem zu verschließen und auf eigene Ansichten, Erfahrungen und subjektive Vorlieben zu verlassen. Wir wollen klarstellen, dass wir weder Anti-Subjektivität vertreten noch falsche »Objektivität« fordern. Vielmehr sollte der optimal effektive Berater ständig die persönlichen *und* externen Quellen von Information und Inspiration nutzen. Der integrative Trend in Beratung und Psychotherapie verdeutlicht, dass Theorie, Fertigkeiten und Praxis miteinander verflochten sind (Ivey u.a. 1987).

Es ist sehr unwahrscheinlich, dass irgendein Berater ohne Kenntnisse der Konzepte des Unbewussten, der Übertragung, der Gegenübertragung, der Empathie, des irrationalen Denkens, von Grenzen, Entwicklungsphasen, Selbstzerstörung usw. praktizieren würde. Die Vielzahl der unterschiedlichen Beratungs-»Schulen« und der sich ständig erweiternden Fachsprache mag verwirren (Feltham/Dryden 1993). Dennoch gibt es zentrale Konzepte, die zwar in jeder »Schule« unterschiedlich bezeichnet werden, mit denen Berater aber vertraut sein müssen. Zum Beispiel hat jedes Beratungsmodell seine eigene Erklärung für die Beraterintentionen und die Klientenänderungen. Niemand sagt: »Na ja, wir machen, was uns grade einfällt, und wenn's nicht funktioniert, machen wir eben was anderes.« Psychodynamische Beratung basiert auf verschiedenartigen Konzepten des inneren Konfliktes; der Berater soll diese Konflikte dem Klienten bewusst machen, prozessangemessene Interpretationen bieten und sie angemessen durcharbeiten. Kognitive Therapeuten begreifen Klientenstörungen als verzerrte Gedankenmuster und arbeiten in Richtung Erkennung und Ersetzung durch rationelleres und produktiveres Denken. Klientenveränderungen innerhalb der Beratung werden unter dieser Terminologie gewertet. Supervisoren in diesem Beispiel müssen sich vergewissern, dass die Supervisanden die Theorie nicht nur in Abhandlungen und Diskussionen, sondern in der Praxis verstehen.

Theorie wird nicht um ihrer selbst willen gefördert und supervisiert und es geht auch nicht um dogmatisches Festhalten an klinischen Theorien. Vielmehr sollen Praktiker Theorien flexibel als Leitprinzip ihrer Arbeit verwenden. Sogar hochgradig strukturierte Theorien wie die Transaktionsanalyse anerkennen die Notwendigkeit von Flexibilität. Aber wie sieht die Umsetzung von Theorie in der Praxis der Supervision aus? Hier ein Beispiel:

Supervisor: »Also, nach ihrem Verständnis sollte das zielgerichtete Entfernen offensichtlicher Abwehrmaßnahmen der Klientin (Rauchen, sexuelles Ausagieren und passiv-aggressives Verhalten) sie näher an ihren tiefsten Schmerz führen, oder?«

Supervisand: »Ja. Sie will es probieren. Sie hörte auf zu rauchen, schläft nicht mehr mit jedem, beginnt, sich zu behaupten. Theoretisch müsste sie dies in Kontakt zu der Zeit ihres Lebens bringen, bevor sie anfing zu verdrängen, einer Zeit, wo sie noch offen war, Schmerz zu empfinden.«

Supervisor: »Sie sagen ›theoretisch.‹ Das scheint anzudeuten, dass in der Praxis alles anders verlief. Wie deuten Sie das?«

Supervisand: »Nachdem ich alles durchdachte und das Tonband anhörte, wurde mir klar: Indem ich alle ihre Hauptabwehrmaßnahmen entfernte, stürzte sie derart in den Schmerz, dass sie ihn nicht spüren konnte und durch intellektuelle Abwehr kompensieren musste. Sie wurde sogar sehr gesprächig und wollte alles verstehen und erklären.«

Supervisor: »Was auch sinnvoll sein kann, aber für sie wahrscheinlich kontraproduktiv war? Also sagt Ihnen diese Erfahrung, um wieder von Theorie zu sprechen, dass Abwehrmaßnahmen behutsam und allmählich abgebaut werden müssen.«

Dieses Beispiel zeigt den Supervisor dabei, wie er sowohl Theorie als auch Praxis erklärt und dem Supervisanden zu verstehen hilft, warum die Theorie erst richtig und dann nicht hilfreich erschien. Der Supervisand wurde ermutigt, sich über diese offensichtliche Diskrepanz Rechenschaft abzulegen und erkannte dadurch ein triftiges Theorem, aufgrund dessen er die »Schmerzgrenze« seiner Klientin besser verstehen konnte. Theorien sind selten monolithisch und schwarz-weiß strukturiert; oft kehrt man nach dem Erkennen einzelner Fälle zur Kompliziertheit der Theorie zurück.

Theorie kann auch dann hilfreich sein, wenn Berater ihr Vertrauen und ihre Leitprinzipien aus dem Blick verloren haben, z.B. bei Stress, Desillusionierung oder beim Burnout-Syndrom; dann sollten sie ermutigt werden, zu ihren ideologischen Wurzeln zurückzukehren, sich an ihre anfängliche Freude und den Anreiz durch das Studium zentraler Texte und die Auseinandersetzungen mit neuen Konzepten zu erinnern (vgl. Kopp 1977). Eine dauerhaft überhöhte Klientenzahl kann auch die emotionellen und intellektuellen Fähigkeiten des Beraters auslaugen und ihn nur noch pragmatisch funktionieren lassen. Die radikale erneute Prüfung der theoretischen Fundamente kann den Berater seine Intentionen und sein klares Denken wiedergewinnen lassen. Beide, die Makro- und die Mikroaspekte von Theorie und ihre Anwendung in der Supervision, sollten berücksichtigt werden.

Merksatz:

Benutzen Sie die theoretischen Aspekte der Beratung, um die Supervisanden anzuregen, herauszufordern, zu leiten und zu erinnern, dass Beratung eine affektive und eine kognitive Tätigkeit ist, die optimal gelingt, wenn sie gut ausbalanciert wird.

19. Fordern Sie Supervisanden heraus, über die möglichen Einschränkungen ihrer Ansätze mit bestimmten Klienten nachzudenken

Wenn Sie mit Ihrem Supervisanden in der theoretischen und praktischen Orientierung übereinstimmen, werden Sie kaum deren Beschränkungen suchen oder sie anzweifeln. Vielleicht hinterfragen Sie die Theorieanwendung bei einzelnen Fällen, sehen aber nicht grundsätzlich die Erfordernis eines völlig anderen Ansatzes. Falls Sie jedoch Eklektiker sind und sich Ihr Supervisand ausschließlich auf eine Theorie bezieht: Werden Sie in seinem theoretischen Rahmens bleiben oder Ihren Eklektizismus als Herausforderung nutzen? In diesem Kapitel gehen wir davon aus, dass Sie eklektischer, integrativer und breiter fundiert als Ihr Supervisand sind (der Unterschied zwischen eklektischen und integrativen Ansätzen wird bei Dryden/Feltham 1994a, diskutiert).

Ein gutes Beispiel hierfür ist der Berater, der einen beziehungsbasierten Ansatz vertritt – personzentriert oder psychodynamisch – und einem Klienten mit Angstattacken begegnet. Er deutet diese Probleme als frühen Trennungsängsten entstammend oder als Misstrauen gegen das eigene Wertesystem. Das Problem erscheint ihm durch einen längeren Prozess der Durcharbeitung oder durch die Wiederherstellung positiven Selbstbewusstseins heilbar. Klinische Erkenntnisse und Forschung haben jedoch erwiesen, dass bestimmte theoretische Ansätze für einzelne Klientenprobleme wirksamer als andere sind (vgl. Frances u.a. 1985; Hallam 1992). Es macht also Sinn, gelegentlich innezuhalten und zu überlegen: »Gibt es Anzeichen, dass mein (oder meines Supervisanden) Arbeitsansatz in diesem Fall wichtigen Einschränkungen unterliegt?« Es ist ethisch geboten, dass Supervisoren und Berater sich dieser Frage stellen, statt zu behaupten, ihr Ansatz könne immer jedes erdenkliche Klientenproblem handhaben. Davenport (1992) geht noch weiter und bezeichnet, im US-amerikanischen Kontext, das Versäumnis solcher Fragen nicht nur ethisch unsolide, sondern auch rechtlich gefährlich. Die BAC-Regeln bestimmen, dass »Berater die Grenzen ihrer eigenen Kompetenz aktiv kontrollieren sollen.« Offensichtlich ist die Kompetenz des individuellen Beraters in den Begrenzungen seiner Ausbildungsorientierung gefangen und Sie und Ihre Supervisoren sollten diese Grenzen in der Praxis kontrollieren.

Welche weiteren Beispiele zeigen solche Einschränkungen?

- Stellen Sie sich vor, eine Klientin sucht Hilfe bei einer städtischen Beratungsstelle, die aus finanziellen Gründen die Sitzungsanzahl limitiert. Es wird ein Grundkurs in kognitiver Verhaltensinterventionen angeboten. Die Klientin, Glenda, offenbart in der vierten Sitzung – von zehn genehmigten – dass sie als Teenager durchgängig sexuell missbraucht wurde. Die Beraterin, bemüht innerhalb der von der Behörde vorgegebenen Zeit wirksame Arbeit zu leisten, glaubt, mit Glenda fortfahren zu können. Die Klientin hat wenig Geld und die einzige Einrichtung für längerfristige Psychotherapie hat eine 18-monatige Warteliste. Was sagen Sie als Supervisor? Unseres Erachtens soll die Beraterin die verbleibenden Sitzungen zu intensiver Arbeit nutzen, die Klientin gleichzeitig über die Notwendigkeit längerer Beratung informieren und unterstützen, die notwendige Beratung zu erhalten.
- Roger ist 39, verheiratet, hat zwei Kinder, ist erfolgreich in der Arbeit und empfindet keinen Stress. Doch spürt er einen gewissen Mangel an Sinn oder einer klaren Richtung in seinem Leben. Er meldet sich bei einem Berater, der von seinem Freund empfohlen wurde. Der Berater arbeitet nach psychodynamischer Methode und beginnt damit, behutsam Gedanken, Gefühle, Erinnerungen und Träume wachzurufen und auf Übertragungselemente in der Beratungsbeziehung

hinzudeuten. In der Supervision berichtet der Berater, dass sein Klient sich gegen Interpretationen zu wehren scheint. Als eklektischer Supervisor beurteilen Sie die Probleme des Klienten nicht als psychopathologische Störung, sondern als »Midlife-Crisis.« Er benötigt Hilfe bei der Überprüfung seiner momentanen Dilemmata und Werte. Wie vermitteln Sie dies dem Supervisanden? Wir könnten den Supervisanden anregen, diesen Fall unter weiteren Gesichtspunkten jenseits des pschodynamischen Referenzrahmens zu betrachten. Wenn er das nicht will oder meint, nicht über die notwendigen Fertigkeiten zu verfügen, ist über eine Weitervermittlung nachzudenken.
- Anne, eine 29-jährige Frau, lebt in einem Wohnheim und erzählt ihrer Beraterin, dass sie noch nie eine enge emotionale oder sexuelle Beziehung zu einem Mann hatte. In der Supervision berichtet die Beraterin, dass sie über die sexuelle Orientierung ihrer Klientin nachdenkt: Ist die Ursache der nicht vorhandenen – vermiedenen – Männerbeziehungen vielleicht eine unbewusste lesbische Neigung? Der Supervisor hat schon einiges über diese Klientin erfahren und vermutet eher, dass sie bisher in ihrer unzureichenden Familie, die Freundschaften verbot, ein benachteiligtes Leben führte und grundsätzlich allein blieb. Der Supervisor fragt sich, ob nicht die beste Strategie das Angebot eines Trainings in sozialem Lernen wäre. Wie geht man mit den unterschiedlichen Sichtweisen um? Wir empfehlen, beide zu besprechen und gründlich abzuwägen, bevor Sie dem Supervisanden empfehlen, diese Hypothesen behutsam, aber direkt mit der Klientin zu erörtern.

In all diesen Beispielen hat der Berater schon klare oder angedachte Richtungen für den Klienten im Kopf, während der Supervisor andere Ansätze für richtiger erachtet. Diese Fälle haben keinen »Entweder-oder«-Charakter, da Klienten oft von einer Mischung von Interventionen bzw. einer »technisch eklektischen« Methode profitieren (Lazarus 1989). Häufig muss man sogar während der ersten Sitzungen eine Art Versuchstherapie praktizieren, um herauszufinden, ob sie den Klienten für ihre Probleme nutzt. Aber diese Fällen enthalten auch Dilemmata, insbesondere bei starker Bindung des Beraters an seine bevorzugte Orientierung. Die schwierigste Situation für den Supervisor ensteht, wenn er den Ansatz des Beraters nachdrücklich für völlig ungeeignet hält, jener aber nicht kompromissbereit oder unfähig zur Umstellung ist. In der Praxis kommt dies selten vor, da Berater meist zu Supervisoren ähnlicher Orientierung neigen, aber es geschieht.

Supervision auf der Basis einer einzigen theoretischen Orientierung ist problematisch, aber auch die entwicklungsbedingten Bedürfnisse und Abgrenzungen führen zu Problemen. Ist es z.B. ethisch oder nur realistisch, sich mit einem Studenten am Ausbildungsbeginn, der gerade die Anwendung eines theoretisches Kernmodells lernt, über dessen Einschränkungen auseinander zu setzen? In dieser Situation analog zur Supervisandenorientierung (s. Kap. 5) zu supervisieren kann in Widerspruch zu Klientenbedürfnissen stehen. Ihre primäre Aufgabe als Supervisor besteht darin, die Klienteninteressen zu wahren, und nicht in der fürsorglichen und bedingungslosen Förderung der Entwicklungsphasen des Beraters. Vandecreek/Harrar (1988) betonen die Verpflichtung der Berater in Ausbildung, mit Hilfe ihrer Supervisoren angemessene Leistungen anzubieten, und die Aufgabe des Supervisors, Klientenbedürfnisse als vorrangig zu behandeln. Wie gehen Sie mit diesem Dilemma um? Bemühen Sie sich um die Erweiterung von dessen Fähigkeiten, weisen Sie ihn auf die zu enge Beschränkung seines Ansatzes hin oder insistieren Sie auf der Überweisung des Klienten an einen Kollegen mit angemessenerer Orientierung? Wir meinen, dass im Interesse der Klienten all diese Fragen mit den Supervisanden besprochen werden sollen, egal wie berufserfahren sie sind. Diese »Konfrontationen« sollen jedoch einfühlsam gehandhabt werden.

Merksatz:

Prüfen Sie, ob bestimmte Klienten mehr Nutzen von Beratungskonzepten außerhalb der Beraterorientierung haben und welche Schritte Sie tun müssen, um die optimale Hilfe für die Klienten abzusichern.

20. Beachten Sie die Forschungsergebnisse und die professionelle Entwicklung, und fordern Sie die Supervisanden auf, sich jeweils damit vertraut zu machen, wenn es hilfreich ist

Viele Berater empfinden insgesamt Abneigung gegenüber Forschung im Beratungsbereich, sie wollen nichts damit zu tun haben und meiden sie. Wir haben bereits dargelegt (Dryden/Feltham 1994b), warum geläufiger Umgang mit einschlägigen Forschungen die Leistung der Berater erhöht. Stellen Sie sich vor, dass Sie vor 20 oder 30 Jahren Ihre Beraterausbildung abgeschlossen haben und ihre damalige konzeptionelle Orientierung bis heute unverändert anwenden; Sie hätten seitdem keine Forschungsberichte gelesen; Sie wären völlig unwissend über die neuen Beratungsansätze (z.B. kognitive Therapie, lösungsfokussierte Kurztherapie, NLP), die einigen Ihrer Klienten nutzen könnten. Dieses unwahrscheinliche Gedankenspiel soll verdeutlichen: Je vertrauter Sie mit der Beratungsforschung und den professionellen Entwicklungen sind, desto besser sind Sie für Ihre Tätigkeit als Berater und Supervisor ausgerüstet. Für Supervisoren und Ausbilder ist die ethische und professionelle Verpflichtung, in der einschlägigen Forschung und den professionellen Entwicklungen auf dem Laufenden zu bleiben, eindeutig größer als für Berater, die weder supervisieren noch ausbilden.

In ihrer Kritik klientenzentrierter Supervision bezeichnet Davenport (1992) die Kombination von einseitiger theoretischer Orientierung mit Vernachlässigung der Forschungsergebnisse und deren klinischen Indikationen als unethisch und fahrlässig (in USA). Sie spezifiziert dies am Beispiel eines ernsthaft depressiven Klienten, für den kognitive Verhaltenstherapie angezeigt sei. Diese Möglichkeit nicht in die therapeutischen Überlegungen einzubeziehen, wäre fahrlässig. Fragen Sie sich als Supervisor: »Sollte ich mit den verschiedenen Behandlungskonzepten als Auswahlmöglichkeit vertraut sein (und bin ich es auch)?« Glauben Sie, dass Ihr Beratungsansatz allen Klienten die Tür zum Erfolg öffnet? Unterliegt Ihr Ansatz Beschränkungen, z.B. für suizidale, psychotische, süchtige oder Borderline-Klienten? Was wissen Sie über die Veränderungseffekte Ihres Ansatzes bei depressiven, ängstlichen oder magersüchtigen Klienten? Ob Sie sich einfach mit Kollegen austauschen, Fallbeispiele oder Forschungsberichte lesen: Sie zeigen damit Ihre Aufmerksamkeit für die Wichtigkeit dieser Fragen. Als Supervisor werden Sie mit Supervisandenfragen konfrontiert, z.B. ob personenzentrierte Beratung bei Klienten mit posttraumatischem Stress sinnvoll sei. Oder Sie fragen sich, ob die tapferen Bemühungen Ihres Supervisanden, jemanden mit zwanghaften Problemen zu beraten, überhaupt zum Erfolg führen können. Wie können Sie das wissen? Wir halten es für unbedingt notwendig, sich über die einschlägige Forschung auf dem Laufenden zu halten, Zugang zu Spezialisten zu haben oder zumindest den Supervisanden nahe zu legen, geeignete Quellen oder Spezialisten zu konsultieren.

Viele der Forschungsthemen zu Beratung und Psychotherapie fasst Barkham (1990) zusammen. Einige der Fragen seines Beitrages beschäftigen sich mit der kurzfristigen und längerfristigen Wirksamkeit von Beratung, der unterschiedlichen Effektivität verschiedener Beratungsformen, der Effektivität unterschiedlicher Berater, der optimalen Dauer von Beratung und Kosteneffizienz. Supervisoren sollten einige dieser grundsätzlichen Forschungsergebnisse und ihre Gegenpositionen kennen. Die grundlegendste Frage der Beratungsforschung lautet wahrscheinlich: Funktioniert es? Seit Jahrzehnten wird darüber debattiert, ob man das »Funktionieren« von Beratung nachweisen kann. Viele Berater halten diese Diskussion für akademisch, sie »wissen« um die Wirksamkeit von Beratung, weil sie diese miterlebt haben. Klienten fragen selten nach Forschungsbelegen, ganz selten wurden wir z.B. gefragt: »Was sagt die Forschung darüber, wie Panikattacken durch Beratung vermindert werden können?« Berater und Supervisoren können die Frage spiegeln – »Sie möchten von mir wissen, was die Forschung dazu aussagt ...« – aber wir halten das für eine Ausflucht. Klienten haben das Recht, zu fragen und eine klare Antwort zu bekommen. »Ich weiß nicht, was die Forschung dazu sagt« ist zwar ehrlich, aber nicht unbedingt hilfreich. Dasselbe gilt gegenüber Supervisanden. Zu viel solcher »ehrlichen Ignoranz« wird auf Dauer in mancherlei Beziehung zum Vertrauensverlust führen!

Wir wollen hier die Einwände gegen Forschung nicht verschweigen. Manchmal wird behauptet, Forschung beschäftige sich mit Einzelthemen, weit entfernt vom wahren Leben der Menschen, sodass ihr Wert für die aktuelle Beratungspraxis gering sei. Oder, für jede Untersuchung, die etwas zu belegen beanspruche, gäbe es eine andere, die es widerlege. Eine der verwirrendsten Arten von Forschung vermittelt den Eindruck, dass sich trotz unterschiedlicher theoretischer Ausgangsorientierungen die Ergebnisse kaum oder gar nicht unterscheiden würden (Smith u.a. 1980). Manche Untersuchungen lassen uns glauben, dass effektive Veränderungen nur durch die therapeutische Beziehung und nicht die theoretische Vernunft oder Technik bewirkt werden. Noch zynischere meinen, dass es den Menschen besser oder schlechter geht, ob sie Beratung erhalten oder nicht. Muss Forschung notwendigerweise zu solch düsteren ergebnislosen Folgerungen führen? Wir glauben, dass Forschung uns hilft, unsere Beratungstätigkeit zu steuern, sie deutet gewisse Trends an. Die Evidenz der Beschränktheit nur einer ausschlaggebenden Orientierung führte beispielsweise zur theoretischen Eklektik und integrativen Arbeitsformen. Wenn Veränderungen nicht primär durch die theoretischen Orientierungen beeinflusst werden, verweist dies vielleicht auf die Bedeutung der Klientenindividualität und des psychologischen Typs (Bayne 1993). Die Auseinandersetzung mit Forschung, auch in geringem Maß, kann die Praxis von Beratern und Supervisoren anregen. Vielleicht möchten Sie die wachsende Supervisionsforschung kennen lernen (vgl. Holloway 1992). Zur Diskussion von Methoden über Beratungsforschung vgl. Wampold/Poulin (1992).

Neben der Forschung können Sie Ihre supervisorischen Fähigkeiten und Ihr Wissen erweitern, wenn Sie mit den allgemeinen Entwicklungen der Beratung Schritt halten. Neue Techniken werden ständig entwickelt und experimentierend erprobt und obwohl sich manche als ineffektiv oder nur vorübergehend erweisen, lassen sich die bewährten Ansätze zweifelsohne zur Erweiterung des Repertoires von Beratern und Supervisoren nutzen. Wachsende Sorge über die Glaubwürdigkeit von Beratung und Psychotherapie führen allmählich zu einer professionalisierten Struktur. Ein Zeichen hierfür ist die Beglaubigung von Beratern durch den BAC ebenso, wie die Anerkennung von Ausbildungskursen und von Supervisoren. Beratungsanfänger sorgen sich um ihre Anerkennung und benötigen oft Anleitung bei der Vorbereitung ihrer Bemühungen zur Beglaubigung. Supervisoren können solche Entwicklungen nicht ignorieren. Trends zur Entwicklung eines Standards nationaler Eignungsqualifikationen[1], die Beschäftigung mit wirksamer Kurzberatung in bestimmten Settings und die Suche nach integrativen Modellen sind signifikante Entwicklungsbereiche, mit denen sich Supervisoren auseinander setzen sollten.

Merksatz:

Machen Sie sich mit den Gründen für das Heranziehen von Forschungsberichten und mit den zentralen Forschungsthemen vertraut und seien Sie auf implizite und explizite Fragen Ihrer Supervisanden zu Forschung und professioneller Entwicklung vorbereitet.

1 Original: National Vocational Qualifications (NVQs).

21. Motivieren Sie die Supervisanden zu Fortbildung, Literaturstudium und Arbeit an ihrer Persönlichkeitsentwicklung

Betraut damit, den Überblick über die Arbeit der Berater zu haben, zeigen sich Ihnen bald unweigerlich die individuellen Stärken, Defizite und Bedürfnisse der Supervisanden. Als Praktiker verfügen Sie üblicherweise über mehr Erfahrung als Ihre Supervisanden und sind vertrauter mit dem Feld der Beratung, dessen Spezialitäten, den Entwicklungstrends, der bedeutenden Forschung, den anerkannten Ausbildungskursen usw. Hoffentlich sind Sie nicht der einzige professionelle Kollege, an den sich Ihre Supervisanden wenden können, aber manchmal ist das so. Wir kennen Berater, die innerhalb einer Organisation professionell isoliert arbeiten – z.B. ein einzelner Berater in einem Beratungszentrum – und Berater, die freiberuflich praktizieren und wenige professionelle Kontakte haben. Alle Berater sollen sich regelmäßig weiterbilden, aber einige können sich nur das Minimum leisten. Angesichts dieser Fakten und im Bewusstsein der Unterschiede zwischen Supervision und Ausbildung (s. Kap. 3) stellt sich die Frage, ob und wann Sie Supervisanden vorschlagen, neue Möglichkeiten der Weiterentwicklung zu suchen? Hier sind einige illustrierende Beispiele:

- Rosi ist diplomierte Beraterin und in einer Organisation für psychische Gesundheit teilzeitbeschäftigt. Sie begegnet hier Klientenproblemen in vielen Variationen und empfindet sich für den Umgang damit teilweise schlecht ausgerüstet. Es macht ihr Druck, zeitlich begrenzt beraten zu müssen, und sie merkt, dass in ihrer Ausbildung dem effizienten Umgang mit Zeit wenig Aufmerksamkeit gewidmet wurde. Sie ist eine ernsthafte Beraterin, die aus ihren Ressourcen das Beste macht. Als ihr Supervisor ist Ihnen klar, dass ihr bestimmte Texte und wahrscheinlich bestimmte Workshops nutzen würden. Sie könnten sie fragen, ob Sie in der Supervision über solche Möglichkeiten sprechen möchte. Eine Sitzung könnte speziell hierfür reserviert werden. Sie könnten einige Bücher zur Ansicht mitbringen und Fortbildungsbroschüren. Einige Supervisoren betrachten dies als die Aufgabe von Ausbildern oder meinen, der Supervisand müsse es selbst herausfinden. Unser Rollenverständnis schließt solche Informationsvermittlung ein. Zum Beispiel könnte die Lektüre von Budman u.a. (1992) helfen, die Wahrnehmung für die Wirkfaktoren zeitlich begrenzter Beratung zu schärfen. Workshops über Kurztherapien und Einschätzungsmethoden könnten Rosi helfen, ihre Fähigkeiten innerhalb ihrer Arbeitssituation zu erweitern.
- Brian hat einiges an Beraterausbildung erfolgreich abgeschlossen und will sich demnächst fortbilden. In der Vergangenheit hatte er Psychotherapie in Anspruch genommen. In der Supervision stellt er häufig die Frage nach seiner Eignung und seinem Engagement für Beratung. Nach dem Abhören einiger Bänder seiner Beratungssitzungen und generell seinen Falldarstellungen steht für Sie seine Berufseignung bei exzellenten Qualitäten ganz außer Frage. Er will von Ihnen spezifisch wissen, ob für ihn eine Fortbildung in Transaktionsanalyse oder kognitiv-

analytischer Therapie besser ist. Sie haben den Eindruck, dass seine Hauptprobleme Selbstzweifel und Perfektionismus sind; vielleicht empfehlen Sie ihm, sich einen Berater oder Therapeuten zu suchen, um daran zu arbeiten. Oder Sie kennen als Alternative dazu eine geeignete Gruppe für ihn. Er könnte auch eine psychologische Beurteilung und Berufsberatung in Anspruch nehmen. Wichtig ist, dass häufig wiederholte Selbstzweifel oft eine Behandlung außerhalb der Supervision erfordern, und es ist die Aufgabe des Supervisors, dies zur Sprache zu bringen. Wir sind dagegen, solche Probleme barsch mit dem typischen Satz abzuwiegeln: »Dies ist kein angemessenes Material für Supervision, Sie sollten das in Ihrer Therapie besprechen.«

Zu dieser Thematik gibt es endlose Variationen. Eine Supervisandin ist zufrieden nach der Teilnahme an einer Gestalttherapiegruppe, weil sie in der Supervision mit ihren starken Gefühlen Probleme hatte. Ein anderer Supervisand möchte etwas über multimodale Therapie erfahren, weil er gehört hat, dass diese systematischer hilft, als jene, der er zur Zeit folgt. Oder eine Supervisandin bittet Sie um Ihre Meinung über psychoanalytische Ausbildung, weil sie häufig intensivem Übertragungsmaterial begegnet, mit dem sie nicht zurechtkommt. In jedem dieser Fälle müssen Sie sich mit Ihrer supervisorischen Rolle und dem besten Umgang mit der Zeit in der Supervision auseinander setzen. Der Supervisor hat eine Beratungsfunktion oder sogar eine Leitungsrolle, diese Elemente sollten Sie in Ihre Supervision einbeziehen. Im Endeffekt schützen Sie den Klienten, wenn Berater die Hilfe, Orientierung oder Unterstützung erhalten, die sie benötigen.

In Auswertungssitzungen ist es sinnvoll, mit Hilfe einer formalisierten Evaluation jene Bereiche mit den Supervisanden zu beleuchten, die der Vervollkommnung bedürfen. Anlage 3 hilft, solche Bereiche zu identifizieren. Im Gespräch können z.B. Schwächen bei der Arbeit mit Katharsis, im Verhalten oder der Kognition festgestellt werden. Sollten hier klare Defizite bestehen oder die Supervisanden selbst einen bestimmten Bereich vertiefen wollen, können Sie gemeinsam einen Plan erarbeiten. Ein Supervisand, der sein Verständnis und seine Fähigkeit zur Nutzung kognitiv-verhaltensorientierter Beratungsmethoden verbessern möchte, kann gezielt Bücher lesen, einen Kurs besuchen oder eine umfassende Ausbildung absolvieren. Eine Supervisandin, die sich in ihrer Arbeit häufig defensiv verhält, braucht eher Psychotherapie oder andere Formen persönlicher Entwicklungsarbeit. In manchen Fällen können Supervisanden ihre persönliche Entwicklung mit »Bibliotherapie« vorantreiben, indem Sie z.B. Burns (1980) zu kognitiver Therapie lesen oder die von Jung inspirierte Methode des Tagebuchschreibens nutzen, empfohlen von Progoff (1975). Es verstößt nicht gegen den ethischen Geist der Supervision, gelegentlich Hausaufgaben an Supervisanden zu erteilen, die Hilfe zur Verbesserung spezifischer Bereiche ihrer Beratung suchen (vgl. dazu Dryden/Feltham 1992).

Merksatz:

Gewähren Sie Zeit und Anteilnahme für die spezifischen Entwicklungsbedürfnisse der Supervisanden zu Fortbildung, Literaturstudium und Variationen persönlicher Entwicklungsarbeit.

22. Teilen Sie den Supervisanden eigene berufliche und persönliche Erfahrungen mit, wenn es nutzen kann

Berater lernen grundsätzlich, ihren Klienten möglichst wenig von sich zu erzählen. Ebenso sind sie wachsam gegenüber der Versuchung, den Klienten ihre Arbeit abzunehmen. Supervisanden kommen mit dieser professionellen Grundhaltung in die Supervision und erwarten weder, dass ihre Supervisoren ihnen persönliche oder professionelle Erfahrungen mitteilen, noch Verhaltenshinweise für bestimmte Situationen geben. Dies entspricht einer supervisandenzentrierten Supervision, die hauptsächlich den Entwicklungsprozess des Beraters zum Selbstverstehen und zur Selbstbestimmung fördert. Ebenso lässt sich rational der »undurchsichtige Supervisor« begründen; diese Rollengestaltung unterstützt Projektionen der Supervisanden und das Durcharbeiten ihrer eigenen Hindernisse, um ein tieferes Verständnis für ihre Klienten zu erlangen.

Wir meinen jedoch, dass in die Supervision ein wertvoller Entwicklungsaspekt eingebracht wird, wenn der Supervisor offen seine persönlichen Erfahrungen und Ansichten mitteilt. Lassen Sie uns zunächst erklären, was wir *nicht* damit meinen. Die Aussage: »Ich erinnere mich, dass ich als junger Berater überhaupt nicht wusste, was von einer Sitzung zur nächsten passierte«, ist von scheinbarer Offenheit und Bescheidenheit, aber zu allgemein und kann das Vertrauen des Supervisanden in den Supervisor und die Beraterprofession untergraben. »Ich hatte einmal einen Fall, der ihrem ähnelt, und noch heute erhalte ich von dieser Frau Briefe, worin sie schreibt, dass die Beratung ihr Leben verändert hat«, suggeriert dem Supervisanden, dass brillante Beratung von brillanten Beratern geleistet wird und von mittelmäßigen Beratern nicht wiederholt werden kann. Dieses Statement unterminiert den Supervisanden und wirkt angeberisch. »Aus meiner Erfahrung weiß ich, dass es für diese magersüchtige Klientin keine Heilung gibt« – dieser pessimistische und autoritäre Satz lässt den Supervisanden mit nichts zurück. »Nur unter uns, auch ich habe ein- oder zweimal ethische Grenzen überschritten – das ist nur menschlich« – mit dieser »Beichte« wird dem Supervisanden anscheinend »vergeben«, und gleichzeitig drängt sich ihm die Ahnung auf, dass ethische Übertretungen nicht ernst zu nehmen sind. Diese Beispiele zeigen, dass gedankenlose Selbstoffenbarungen oder gut gemeinte, aber zweideutige Enthüllungen zu vermeiden sind.

Die zwei folgenden Beispiele sollen als Grundlage einer Diskussion dienen, welche supervisorischen Erzählungen hilfreich sind.

- Trevor, männlicher Supervisor, hört Ben, männlichem Supervisanden, zu, der erzählt, dass eine seiner Klientinnen zur letzten Sitzung in sehr aufreizender Kleidung erschien. Dies erschien ihm untypisch für die Klientin und verunsicherte ihn. Er ertappte sich dabei, wie er heimlich die Beine seiner Klientin betrachtete. Er überlegte, ob die Klientin als Kind sexuell missbraucht wurde. Er war sich seiner eigenen realen sexuellen Gefühle bewusst, aber auch aufmerksam gegenüber dem »informativen Wert« seiner Wahrnehmung (Searles 1955). Ihm war auch die Sichtweise seiner weiblichen Kollegen über die Verletzlichkeit weiblicher Klientinnen durch männliche Berater bewusst. Trevor merkte, dass Ben unter dem Eindruck all dieser Elemente daran litt, irgendwie »schuldig« zu sein. Trevor entschied sich, Ben zu erzählen, dass auch er oft starke sexuelle Gefühle gegenüber weiblichen Klientinnen empfunden hatte und dies als natürlich ansah; indem er sie akzeptierte, ohne sie auszuleben oder sich davon völlig verwirren zu lassen, und sie auch unter klinischem Aspekt betrachtete, glaubte er, viele seiner Klientinnen dadurch besser zu verstehen. Nachdem er diese Gedanken Ben mitgeteilt hatte, regte er das weitere Gespräch über Bens allgemeine Ansichten und diese Klientin im Besonderen an.
- Im zweiten Beispiel diskutiert Moira mit ihrer Supervisorin Alice über ihre Klientin. Es handelt sich um eine Frau, die seit einigen Monaten unter Angstanfällen leidet und seit Auftreten der Symptome zur Beratung kommt, aber offenbar ohne ersichtlichen Fortschritt. Moira erklärt, dass sie zusammen einige Zeit damit verbrachten, die Familiendynamik, die gegenwärtigen Umstände und die Klient-Berater-Beziehung zu erforschen und sie schlug der Klientin bestimmte Verhaltensübungen vor. »Ehrlich«, sagt sie, »ich hab das Gefühl, mit ihr überhaupt nicht vorwärts zu kommen, ich bespreche dies ständig hier und sage sogar ihr, dass ich nicht weiterkomme, aber nichts hilft.« Tatsächlich hatte Alice in der Vergangenheit häufig die Details dieses Falls gehört und gelegentlich mit ihr Strategien erörtert. Sie hat sich zu Moira sagen hören: »Sie denken, dass sie nirgendwo hinkommen, dass sie feststecken und vielleicht deshalb in dieser Lage sind, weil sie glauben, die Klientin retten zu müssen.« Alice hörte sich alle möglichen cleveren und sensiblen Dinge zu Moira sagen. Nun sagt sie: »Um ehrlich zu sein, ich denke, wir alle begegnen irgendwann Klienten, die sich nicht verändern können oder wollen oder für die wir nicht die richtigen Berater sind. Mir ist es schon so ergangen. Wie Sie kämpfte ich mit Klienten, bei denen nur sehr geringer Fortschritt zu sehen war.«

Im ersten Beispiel, wo es um Fragen der Ethik und der Gegenübertragung geht, will der Supervisor den Supervisanden beruhigen und ihm zeigen, dass er mit diesem Dilemma nicht allein steht, dass er kein Sexmonster ist und es wertvoll ist, eigene Gefühle gegenüber Klienten zu reflektieren. Das zweite Beispiel dreht sich um eine fortdauernde Blockade, die bei der Beraterin Versagensängste auslöst, weil sie keine effektiven Interventionen zu Stande bringt. Wieder entscheidet sich der Supervisor dafür, von seiner persönlichen Erfahrung ausgehend, Blockaden als genau dies zu benennen, nämlich unpassierbar. (Ein subtiler Mythos der Beraterprofession lautet: Wenn du immer weiterarbeitest und Vertrauen in den Prozess hast oder den richtigen »Knopf« triffst, wird sich eines Tages der Klient – jeder Klient – verändern.) In beiden Fällen entschied sich der Supervisor zu normierenden Äußerungen, die sagen, »auch ich habe Ähnliches erlebt, und was Sie gerade erfahren, ist wirklich schwierig.« Dies ist das Gegenteil des abstinenten, belastenden Stils, wie ihn gewisse Supervisoren praktizieren (s. Kap. 28).

Persönliche Erfahrungsberichte von Supervisoren sollen nicht die eigenen Erfahrungen des Beraters ersetzen. Abhängig von der Situation könnten sich in beiden Fällen Supervisoren aus verschiedenen Gründen auch entscheiden, ihre eigenen Erfahrungen und Sichtweisen nicht offen zu legen. Sie bringen diese nur ein, wenn es wichtig ist und nicht, um in eigenen Erinnerungen zu schwelgen. Supervisoren sollten immer vorab überlegen, welche Wirkungen ihre Äußerungen auf die supervisorische Beziehung haben und was sie damit bezwecken. Die Aussage eines Supervisors wie: »Da ich selbst in Scheidung lebe, kann ich mir gut vorstellen, dass das, was ihre Klientin über Verurteilung aus der eigenen Familie erzählt, keine Übertreibung ist«, könnte dem Supervisanden durch den Schock zu einem besseren Verständnis seiner Klientin verhelfen oder ihn veranlassen, seinen Respekt vor dem Supervisor zu verlieren. Es gibt keine Formel für den Einsatz eigener Erfahrungen, aber er ist berechtigt, wenn zum richtigen Zeitpunkt Gebrauch davon gemacht wird.

Merksatz:

Bedenken Sie die möglichen Variationen supervisorischer Selbstoffenbarungen, wann sie dem Supervisanden nützen und wann nicht, und teilen Sie Ihre eigenen professionellen oder relevanten Erfahrungen wohl überlegt mit.

Stärken und Schwächen der Supervisanden beleuchten

23. Helfen Sie den Supervisanden, ihre besten Fälle, ihre besten Interventionen und ihre Stärken zu identifizieren

Bei der Arbeit mit ihrem ersten oder zweiten Klienten neigen Beratungsanfänger manchmal zu Selbstzweifeln, wenn der Fortschritt klein erscheint. Das ist er häufig wirklich und spiegelt dann ein besonderes Muster schwieriger Klienten wieder. Arbeitet der Supervisand nur mit einem Klienten, entsteht leicht das »Einzelkindsyndrom« zwischen Berater und Klient; der Klient erhält zwangsläufig zu viel Aufmerksamkeit und ist gleichzeitig die einzige Quelle zum Messen der professionellen Beraterfähigkeiten. Wenn dann Berater mit vielen und unterschiedlichen Klienten arbeiten, können sie ihre Beratungstätigkeit von Fall zu Fall vergleichen. Natürlich läuft die Beratung mit einigen Klienten besser (reibungsloser, schneller, dramatischer oder erfolgreicher) als mit anderen. Manchmal ist dies zufällig (Arnold Lazarus [in: Dryden 1991c] vermutet, dass ca. 40% aller Klienten Fortschritte machen, egal welche Art der Beratung ihnen angeboten wurde). Aber manchmal deutet dies auf wesentliche Faktoren in der Arbeit des Beraters hin.

Wir finden es vorteilhaft, Supervisanden von Anfang an zu ermutigen, ihre eigenen Fälle zu reflektieren und zu vergleichen. Auf welche Art ähneln sich die Fälle, wenn überhaupt? Welche Fälle werden als schwierig oder »festgefahren« erlebt und warum, während andere als erfreulich und lohnend empfunden werden? Von welchen Besonderheiten jeden Falles kann der Berater mehr über den Beratungsprozess und seine professionelle Entwicklung lernen? Auch wenn ein Berater nur zwei Fälle hat, lohnt es sich, dass er die Faktoren so präzise wie möglich identifiziert, die zu Frustration oder Fortschritt mit jedem Klienten beitragen. Diese Fokussierung fördert eine Art von Handlungsforschung: Supervisanden können beginnen zu reflektieren, warum sie sich z.B. auf bestimmte Klienten freuen, andere aber fürchten, dadurch können sie künftig selber in Sitzungen »Knackpunkte« entlarven.

Sie könnten Ihren Supervisanden fragen: »Bei welchem Ihrer beiden Fälle arbeiten Sie effektiver?« Ist einer davon identifiziert, fahren Sie fort: »Wie arbeiten Sie mit diesem Klienten, was ist das Besondere an Ihrer Beziehung zu ihm, das Ihnen effektiveres Arbeiten ermöglicht?« Nun kann eine detaillierte Untersuchung der Beraterintentionen erfolgen. Arbeitet Ihr Supervisand inzwischen längere Zeit mit einigen Klienten, könnten Sie fragen: »Welche zwei oder drei Klienten repräsentieren Ihrer Meinung nach Ihre beste Arbeit?«, oder: »Bei welchen zwei oder drei Klienten erleben Sie die größte Befriedigung?« Diese Fragen sollen u.a. dem Berater helfen, zwischen unterschiedlichen Klienten, positiven oder negativen Berater-Klient-Beziehungen und Beraterreaktionen zu unterscheiden. Ein anderer Zweck besteht im Wechsel des supervisorischen Fokus von einem unabgeschlossenen Arbeitsprozess zu einer abgeschlossenen Arbeit. Ein Rückblick auf die abgeschlossenen Fälle, besonders auf ihre »besten Fälle«, kann Berater ermutigen, vom Erfolg zu lernen und ihn zu genießen.

Ein Großteil von Beratung (und Supervision) konzentriert sich auf pathologische und problematische Abläufe; durch die Reflexion erfolgreicher und befriedigender Beispiele kann eine Balance hergestellt werden. Analog zur lösungsfokussierten Kurztherapie (De Shazer 1985) könnte man dies als »erfolgsfokussierte Supervision« bezeichnen. Sie hilft Supervisanden, ihre eigene Arbeit wertzuschätzen und ihren Anteil am Fortschritt der Klienten zu erkennen, statt Erfolge als eher zufällig anzusehen. Wenn Sie Supervisanden an die Betrachtung ihrer Erfolge heranführen, vermeiden Sie Beispiele »dramatischer Heilung.« Nach Mearns (1990) wird Erfolg eher durch Betrachtung eines Prozesses als eines Produktes verstanden. Das heißt, wenn Klienten berichten, dass sie jetzt »viel freier Zorn oder Trauer ausdrücken können« oder »ihre Enttäuschung eher erkennen, statt sie zu verdrängen«, dann zeigt dies erfolgreiche Prozesse an. Mearns warnt vor der Suche nach märchenhaften Erfolgen, und auch Sie wären weise, Ihre Supervisanden nicht dadurch zu demotivieren, dass Sie nach deren eigenen märchenhaften Erfolgsgeschichten suchen.

Werden Supervisanden ermutigt, ihre Notizen und Tonbandaufnahmen zu analysieren, lassen sich ihre typischen positiven Interventionen identifizieren. Benutzen Sie die Liste der Therapeutenziele (Anlage 3) von Hill/O'Grady (1985), um besonders gute Supervisandenarbeit zu identifizieren. Es kann sein, dass ein Supervisand die besondere Fähigkeit hat, »Hoffnung zu wecken«, »unangemessenes Verhalten zu identifizieren« oder »Probleme innerhalb der therapeutischen Beziehung zu lösen.« Sie können mit Ihrem Supervisanden eine kurze Liste seiner besonders wirksamen Interventionen aufstellen. Vielleicht sind Trends herauszuarbeiten (z.B. fordert der Supervisand seine Klienten konstruktiv heraus) oder es gibt eine Anzahl außerordentlicher therapeutischer Ereignisse (der Supervisand äußert treffend intuitiv Vermutungen oder fördert Traumarbeit oder Visualisierung). Erlauben Sie Supervisanden, diese Momente als eigenen Anteil zu verinnerlichen, davon zu lernen und sie als Erfolg zu speichern.

In ähnlicher Weise regen wir Supervisanden zur Identifikation ihrer gesamten Stärken an. Das kann sich so äußern: »Ich glaube, ich bin warmherzig, und es ist leicht, mit mir auszukommen«, oder: »Ich habe keine Angst, Wagnisse einzugehen und Klienten herauszufordern«, oder: »Ich scheine eine natürliche Begabung zur Visualisierung von Klientenberichten zu haben.« Häufig haben Stärken ihre Kehrseite (der warmherzige Berater hat Schwierigkeiten zu konfrontieren, dem herausfordernden Berater fehlt es an Wärme), aber an dieser Stelle ist es wichtig, die damit verbundenen Fragen aufzuschieben und den Supervisanden Befriedigung und Gewissheit über seine Stärken spüren zu lassen. Eine der dringlichsten Supervisandenfragen am Anfang lautet: »Mache ich alles richtig?« Die Aufmerksamkeit für die Mikrofertigkeiten der Beratung oder Details der Fälle veranlassen den Supervisanden oft zur Frage, ob er insgesamt adäquat arbeitet. Deshalb ist es unerlässlich, die Supervisanden in Abständen über ihre Stärken und Erfolge nachdenken zu lassen.

In Langzeit-Supervisionen mit Beratern können Sie sich gemeinsam an die denkwürdigsten Sitzungen und fruchtbarsten Interaktionen erinnern und sie erörtern. Sie können gemeinsam die Fortschritte jener Klienten feiern, die Gegenstand intensiver Fallbesprechungen waren. Vielleicht möchten Sie dabei oder informell nebenher die besonderen Stärken des gemeinsamen Arbeitsbündnisses thematisieren. Vergleiche zwischen den Stärken des Supervisors und des Supervisanden sind manchmal nützlich. Sie könnten ohne Bedenken den Supervisanden z.B. für seine Stärke bewundern, gegenüber Klienten seine eigenen Gefühle angemessen auszudrücken, indem Sie sagen: »Bei mir dauerte es viel länger, meinen eigenen Gefühlen und deren Ausdruck gegenüber Klienten zu vertrauen.« Natürlich sollten Sie dem Supervisanden Ihr Feedback nicht aus einer defensiven Position über eigene Unzulänglichkeiten als Praktiker geben, sondern großzügig auf der Basis Ihrer eigenen Tüchtigkeit, wenn es angebracht ist.

Merksatz:

Regen Sie Supervisanden dazu an, über die Befriedigung durch die Arbeit und die Erfolge mit unterschiedlichen Klienten nachzudenken, um die eigenen Stärken besser kennen zu lernen und das Selbstbewusstsein zu entwickeln.

24. Achten Sie sorgfältig auf die immer wieder auftauchenden Lücken der Supervisanden in ihrem Können und ihrem Begriffsvermögen

Studenten und Berufsanfänger sind oft hochselektiv bei dem, was sie sich aus der Ausbildung herausziehen und in die Praxis umsetzen. So demonstrieren z.B. viele Auszubildende ihre Fähigkeit, akkurat und emphatisch den Aussagen der Klienten zu folgen, praktizieren aber z.B. nicht die Verhaltensweisen, die den Variablen Echtheit, Konfrontation und Direktheit entsprechen. Manchmal haben sich Berater dermaßen angewöhnt, keine Fragen zu stellen, dass sie ihre Zeit mit Reflexion verbringen, anstatt unentbehrliche Informationen von Klienten zusammenzutragen. Diese »unterschwellige Ängstlichkeit« der Anfänger erklärt häufig, warum bestimmte Fertigkeiten zu viel oder zu wenig eingesetzt werden: Berater können sich durch die Tutorenerwartungen bombardiert fühlen und brauchen Zeit, um ihre Fertigkeiten zu internalisieren, bis sie ihnen zur »zweiten Natur« geworden sind. Manchmal entwickeln – auch erfahrene – Berater einen Habitus, z.B. Klienten nie zu konfrontieren, nie Fragen zu stellen, sich nur auf die Erkennung von Gefühlen zu verlassen und eine Katharsis herbeizuführen (Heron [1990] nennt letztere Praxis die »kathartische Tretmühle«). Aus verschiedenen Gründen haben viele Berater, wenn nicht sogar die meisten, bestimmte Fertigkeiten überentwickelt, während sie andere vernachlässigen.

Auf ähnliche Weise engen sich Berater in Denkschemata über ihre Klienten ein. Je nach Ausbildungsorientierung achten Berater auf Elemente von Übertragung, irrationalem Denken, Nebenströmungen, Spielen usw. Meist achten sie ausschließlich auf psychopathologische Zeichen, statt auf gesundes, problemlösendes Verhalten der Klienten. Jede rigide Einzeltheorieorientierung bewirkt die Einengung der Verstehensmöglichkeiten von Klientenfällen. Der Gegensatz wäre ein chaotischer Eklektizismus, bei dem die Berater zwar alle möglichen Variablen in jedem Fall berücksichtigen, aber über keinen Bewertungsmaßstab verfügen, um die besten Hilfskonzepte für Klienten auswählen zu können. Im letzten Beispiel könnte ein Berater zwar unzählige Ideen über das Fehlverhalten seines Klienten samt Lösungen entwickeln, aber keinen Handlungsplan entwickeln.

Achtet der Supervisor sorgfältig auf immer wiederkehrende Lücken, kann er konstruktives Feedback anbieten. Dessen Sinn besteht nicht darin, den Supervisanden auf dem falschen Fuß zu erwischen und beruht auch nicht auf der Annahme, dass jeder Berater über jedes mögliche Beratungsverhalten, Technik, Strategie und Vorstellungsvermögen verfügen sollte. Unser Augenmerk richtet sich darauf, wie Berater unabsichtlich bestimmte Fertigkeiten und konzeptionelle Werkzeuge betonen und andere vernachlässigen. Dies ist ein komplexes Thema, weil es gleichzeitig mit der Struktur verschiedener therapeutischer Unternehmungen verwoben ist und jede Beraterausbildungsstätte bestimmte Phänomene unterstreicht und andere herunterspielt. Die Fähigkeit, z.B. auf starke Gefühle eingestimmt zu sein, sie in den Mittelpunkt der Betrachtung zu stellen und tief schürfend damit zu arbeiten, ist bei einigen humanistischen Ansätzen hoch geschätzt und entwickelt (z.B. Urschrei-Therapie, Psychodrama, Gestalttherapie und experimentelle Psychotherapie), aber bei anderen Ansätzen werden Gefühle eher heruntergespielt (z.B. generell in den kognitiven Verhaltenstherapien). Unseres Wissens gibt es keine Ausbildung, die Berater mit der ganzen Bandbreite möglicher Fertigkeiten und Interventionen bekannt macht.

Die meisten Beraterausbildungen erwarten, dass die Auszubildenden ein Verständnis und einen bestimmten Grad an Kompetenz im Umgang mit den Gefühlen der Klienten erwerben. Studenten werden unterrichtet, die Inhalte der Klientenaussagen ebenso zu reflektieren wie den Ausdruck wichtiger Gefühle wahrzunehmen und zu reflektieren. Berater, die Schwierigkeiten mit der Erfahrung und Bewertung ihres eigenen emotionalen Lebens haben, entwickeln in Beziehungen zu Klienten die gleichen Lücken. Wir hörten Bänder von Beratungssitzungen, in denen die Berater sehr genau den faktischen Inhalt verstanden und ihr Verständnis den Klienten vermittelten. Zugleich reflektierten oder erwähnten sie nicht die traurige, stockende Stimme des Klienten, bedrückte Schweigepausen und andere Zeichen emotionalen

Aufruhrs. Wenn Sie sich die Bänder ihrer Supervisanden nicht anhören, werden Sie nicht bemerken, wie diese auf affektive Fingerzeige reagieren oder es versäumen. Vielleicht fällt Ihnen aber bei den Klientenberichten auf, dass stets die Fakten betont werden und seltener emotionale Untertöne.

Umgekehrt könnte sich ein Berater hochgradig auf die Gefühle des Klienten einstellen und sich darin häuslich niederlassen, aber das tatsächliche Verhalten des Klienten zwischen den Sitzungen, dessen kontraproduktive Überzeugungen usw. übergehen. Sehr gefährlich ist die Betonung der Gefühle bei gleichzeitigem Ignorieren der Bewältigungsmöglichkeiten des Klienten; es kann seine Lage bis hin zum Suizid verschlimmern (Masson 1988). Zu diesen Themen gibt es unzählige Variationen. Wenn Sie bei Kurzzeitberatung die Fähigkeiten des Beraters betonen, riskieren Sie, die Bedürfnisse von zerbrechlichen oder schwer beschädigten Klienten zu übersehen. Betonen Sie die Fertigkeiten und Werte übertragungsbasierter Langzeittherapie, riskieren Sie ungesunde passive Abhängigkeit der Klienten. Wir glauben, dass jeder Klient die bestmögliche Beratungsleistung verdient, dies impliziert, dass Supervisoren eine flexible Einstellung haben müssen, oder gar eine Haltung verantwortlichen Eklektizimus. Sie haben als Supervisor die ethische Aufgabe, Beratern zu helfen, sich den tatsächlichen Bedürfnissen der Klienten zuzuwenden. Wenn Klienten Formen therapeutischer Hilfe benötigen, die nicht leistbar ist, weil entweder der Berater nicht dafür ausgebildet ist oder die Einrichtungen solche Methoden nicht lehren, dann sind Sie verpflichtet, dies mit dem Supervisanden zu besprechen. Wie geht man ein solches Thema an? Dazu hier ein Dialog:

Supervisor: Sonja, ich habe einige Ihrer Tonbänder wie auch einige Fallbeispiele von Ihnen gehört, und wie Sie wissen, finde ich es sehr geschickt, wie Sie Ihren Klienten helfen, ihre Sorgen zu äußern und ihre Lebensgeschichten zu entwirren. Ich bin aber unsicher, wie es jetzt weitergehen soll. Ihre Klienten Charles und Dennis z.B., mit denen Sie, wie ich weiß, beinahe ein Jahr in Kontakt sind, scheinen festgefahren zu sein.

Beraterin: Ich ... ich hatte so noch nicht darüber nachgedacht. Ich würde nicht sagen, dass sie festgefahren sind. Beide haben sehr viel, was sie durcharbeiten müssen.

Supervisor: Ja, aus der Sicht ist das wahr. Aber wie ich mich erinnere, fällt es Ihnen schwer, sie bei ihren Erzählungen zu unterbrechen, um ihnen zu helfen, ihre Geschichten zusammenzufassen und eine Struktur in die Beratung hineinzubringen. Wir sprachen schon früher darüber, und ich meine, dass es Ihnen schwer fällt, diese mäandernde, fast ziellose Form der Beratung zu ändern.

Beraterin: Ja, wir sprachen schon darüber. Es ist etwas, womit ich Probleme habe. Ja. Ich wusste nicht, dass es immer noch vorhanden und sichtbar ist. Wenn eine bestimmte Phase mit Klienten erreicht wird, glaube ich, nichts mehr ändern zu können.

Supervisor: Vielleicht können wir noch einmal besprechen, was wir schon einmal diskutiert haben und einige neue Tonbänder anhören, um genau festzustellen, was passiert. Wenn Sie einverstanden sind, können wir versuchen herauszufinden, was fehlt und evtl. verschiedene Interventionen durch Rollenspiel ausprobieren. Wie finden Sie das?

In diesem Fall musste der Supervisor seine Bedenken ohne Einladung einbringen (sofern nicht der Kontrakt den Supervisor verpflichtet, Bedenken eindeutig zu äußern). Diese Äußerungen waren anfangs der Supervisandin nicht willkommen, sie reagierte defensiv. Der Supervisor verband ihre jetzigen Bemerkungen mit früheren Äußerungen, um ihre eigene Erkenntnis zu verdeutlichen, eine Tendenz zum Verlust des Fokus der Beratungsbeziehung zu haben. Die Supervisandin schien entmutigt zu werden, als der Supervisor feinfühlig einige positive Schritte in nicht beurteilender Weise anregte.

Im Kapitel 10 diskutierten wir spezifische Interventionen. Vielleicht ist es hilfreich für Sie, während der Supervision zu überlegen, welche Interventionen Ihre Supervisanden am häufigsten anwenden und welche Art von Falldarstellung sie bevorzugen. Mit Hilfe der Liste der Therapeutenziele von Hill/O'Grady (1985, Anlage 3) lassen sich Lücken in der Supervisandenpraxis bestimmen. Dies soll keine heimliche Detektivarbeit sein, sondern unter Beteiligung der Supervisanden mit deren Unterstützung und Verständnis erfolgen. Erklären Sie, dass alle Praktiker, wenn sie noch so erfahren sind, die Tendenz zur Überbetonung einiger Fähigkeiten und zum Festhalten an bestimmten Konzepten haben. Jeder kann bei einer Überprüfung dieser Ungleichgewichte profitieren, indem er seine Lücken entdeckt. Ist diese Übung erfolgreich, kann der Supervisand z.B. sagen: »Ich merke, dass ich meine Klienten selten herausfordere oder selten ihre Stärken anspreche. Ich möchte diese Lücken untersuchen und dann schließen.«

> **Merksatz:**
>
> Erkennen Sie die Fähigkeiten, Strategien und Konzepte, die Ihre Supervisanden betonen und jene, die sie vernachlässigen, und helfen Sie ihnen, die nötige Balance positiv herzustellen.

25. Identifizieren und verdeutlichen Sie im Gespräch offensichtliche Fehler und Vermeidungshaltungen der Supervisanden in ihrer Arbeit

Beraterfehler können in zwei Grobkategorien betrachtet werden: jene, die keinen, und jene, die bedeutenden Schaden anrichten. Gelegentliche Fehler können sein: Mangel an Aufmerksamkeit, Erinnerungslücken wichtiger Teile der Klientengeschichten, schlechtes Timing von Interventionen, Aufdrängen unerbetener Ratschläge, Rettung des Klienten, Übersehen wichtiger Hinweise, Dulden der Überziehung des Zeitrahmens von Sitzungen usw. Es handelt sich um gewöhnliche Fehler, die sowohl Anfänger wie auch erfahrene Berater machen. Da sie sich nicht oft wiederholen, Berater sie sich bewusst machen und etwas davon lernen, bereiten sie geringe Sorgen. In einigen Fällen ist es offensichtlich, dass die gelegentliche Fehlbarkeit des Beraters auf die Klienten beruhigend wirkt.

Wir wollen uns im Folgenden mit Beraterfehlern beschäftigen, die in der wachsenden Literatur über therapeutisches Versagen und ärztliche Beratung beschrieben werden (Strupp u.a. 1977; Robertiello/Schoenewolf 1987; Striano 1988; Howe 1989). Wir führen einige der Hauptfehlergruppen auf:

- Aggressives oder zu massives Unter-Druck-Setzen der Klienten im Glauben, sie benötigten das Aufdecken und Überwinden ihrer Widerstände. Bestimmte Beratungs- und Psychotherapiekonzepte aktivieren bewusst Klientenwiderstände und einzelne Berater praktizieren dies impulsiv oder omnipotent. Klienten können dadurch verwirrt, emotional überlastet und in Extremfällen psychotisch oder suizidal werden.
- Omnipotente Interpretation des Klientenmaterials im Glauben, der Berater wisse besser als der Klient, was in diesem vorgehe. Obwohl während der Ausbildung besonders die wichtige Bedeutung von Empathie und Verstehen des Bezugsrahmens des Klienten gelehrt wird, hindert dies einige Berater nicht, ein gefährliches Gefühl von Macht und Schärfe zu entwickeln. Klienten können hierdurch verunsichert, ihrer Basis beraubt und grob missbraucht werden.
- Falsche Einschätzung der Eignung oder Bereitschaft des Klienten zur Beratung. Viele Menschen werden zur Beratung überwiesen, ohne dies wirklich zu wünschen oder ohne Verständnis, worum es dabei geht. Einige Berater nehmen alle Überwiesenen ohne Überprüfung an. Klienten können Angst- oder Stresssymptome haben, die auf unerkannten organischen oder neurologischen Problemen beruhen. In solchen Fällen kann die angemessene Behandlung verzögert werden und in Extremfällen erhalten die Klienten unnötige und kontraproduktive Beratung.
- Keine ausreichende Information der Klienten, bevor sie in die Beratung einwilligen. Viele Berater meinen, Klienten müssten vor der Beratung nichts über den Prozess wissen. Die implizite Denkweise, Beratung sei ein mysteriöser Prozess, der nicht erklärbar sei oder nicht erklärt werden solle, sondern nur erlebt werden könne, teilen unseres Erachtens zu viele Berater. Ein ethisch therapeutisches Bündnis besteht aus einer Arbeitsbeziehung, einer Vereinbarung über die Ziele der Beratung und die verwendeten Methoden.

Man könnte noch viele weitere Beispiele nennen, aber die vorliegende Aufzählung bietet uns den Ausgangspunkt für die Debatte. Wie können Sie als Supervisor beurteilen, ob das Verhalten der Berater-Supervisanden unter eine der Fehlerkategorien fällt? Offene und eindeutige Beispiele solcher Fehler sind eine Sache, aber Sie können nie sicher sein, dass Ihnen die Supervisanden jeden Aspekt ihrer Arbeit präsentieren, und ohne Zugriff auf Tonbänder haben Sie nur geringe direkte Einsicht in deren Beratungstätigkeit. Oft lassen sich Beraterfehler ableiten. Wenn z.B. die Klienten eines Supervisanden zu häufig verwirrt sind oder sich ihr Zustand verschlechtert oder eine ungewöhnlich hohe Zahl von Abbrechern auffällt, dann sollten Sie beginnen, Fragen zu stellen. Verschleiert aber der Berater die Abbrecherrate oder beschreibt er seine Fälle schmeichelhaft für sein Selbstbild als kompetenter Berater (vielleicht, weil sich gerade die Lage mehrerer Klienten verschlechtert), dann können Sie einfach keinen Verdacht entwickeln oder etwas erfahren. Im schlechtesten Fall haben Sie und Ihr Supervisand sogar die gleichen blinden Flecken. Wenn Sie z.B. beide einen kräftigen karthartischen Ansatz bevorzugen, könnten Sie Regressionen des Klienten als Zeichen sich entwickelnden oder vorübergehenden Widerstandes deuten, während sich seine Situation faktisch verschlechtert. Dieses Beispiel verdeutlicht die Notwendigkeit der eigenen Kontrollsupervision für Supervisoren, möglichst von Praktikern mit anderer Orientierung.

Wenn Sie beim Supervisanden Fehler entdeckt haben, wie wollen Sie diese zur Sprache bringen? Hier ein Beispiel:

Supervisorin: Sie sprachen darüber, dass Ihre Klientin »abgedreht« wirkt und anscheinend durch konfuses Verhalten in der Zusammenarbeit Widerstand leistet. Sie erwähnten häufig, dass die Klientin weint, sich dann aber zusammenreißt, während Sie sie unterstützen, ihre Gefühle durchzustehen. Können Sie mir erzählen, was Sie ihr genau sagen und welche therapeutischen Beweggründe dahinter stehen?

Supervisandin: Nun, sie hat häufig feuchte Augen, wischt aber die Tränen beiseite. Ihre Stimme ist sehr leise, als ob sie ihre Gefühle gar nicht rauslassen will. Ich sage manchmal: »Weinen Sie ruhig, verstecken Sie Ihre Tränen nicht«, und: »Sagen Sie das lauter.« Ich glaube, dass sie deswegen krank bleibt, weil sie alles im Inneren behält, und ich will sie ermutigen, zunehmend ihren Gefühlen zu trauen.

Supervisorin: Ich verstehe, ja. Was Sie sagen klingt, als ob sie Schwierigkeiten hat, Gefühle auszudrücken, und vielleicht drückt sie gerade so viel aus, wie ihr zurzeit möglich ist. Wann halten Sie ist es für richtig, sie zu fordern? Wie können Sie sicher sein, dass ihr dies gut tut?

Supervisandin: Intuition, glaube ich.

Supervisorin: Nun, vielleicht. Aber meine Intuition, nachdem ich Ihre Beschreibung der Klientin und ihres »abgedrehten« Verhaltens hörte, sagt mir, dass sie möglicherweise mehr angetrieben wird, als sie verkraften kann. Ich weiß, dass Sie sehr viel von diesem katharsischen Ansatz halten, aber lassen Sie uns überlegen, ob er für diese Klientin zu diesem Zeitpunkt angemessen ist.

Die Supervisorin weiß, wie die Beraterin arbeitet, bittet Sie aber bei dieser besonderen Klientin, Ihren Ansatz zu beschreiben. Sie fürchtet sich nicht, ihre eigenen Bedenken gegenüber dieser Arbeit zu äußern. Sie kritisiert weder die Beraterin noch ihren kathartischen Ansatz, äußert jedoch spezifische Zweifel an dessen Tauglichkeit für diese Klientin. Es wäre kaum hilfreich zu behaupten: »Sie begehen einen schlimmen Fehler!« Ebenso, wie Berater nie wirklich wissen können, was für ihre Klienten richtig ist, wissen Supervisoren selten, wenn überhaupt, ob und wie sehr die Interventionen ihrer Supervisanden fehlerhaft sind. In diesem Fall ist jedoch die Supervisorin so stark beunruhigt, dass sie der Sache nachgeht. Damit die Supervisandin aus der supervisorischen Intervention lernen kann, sind Herausforderung und Hinterfragung notwendig.

Egan (1990) bezeichnet es als »Mund-halten«-Effekt, wenn Berater notwendige Herausforderungen vermeiden; d.h. genau dann, wenn Klienten dringend mit Vorstellungen konfrontiert werden müssten, die von ihrer Sichtweise oder Ihren Anforderungen abweichen, machen manche Berater beharrlich den Fehler, Konfrontationen zu vermeiden. Vielleicht fürchten Berater die Beunruhigung des Klienten, dass er sich gegen sie wenden könne, dass bei ihnen etwas falsch angekommen ist usw. Besonders Beratungsanfänger neigen dazu, Klienten nicht zu unterbrechen, kein riskantes Feedback anzubieten und keine Position zu beziehen, aber dergleichen ergibt sich auch bei allen Beratern in Beziehung zu besonderen Klienten. Ein Berater, der z.B. durch einen Klienten an seinen eigenen zornigen Vater erinnert wird, könnte unbewusst versuchen, den Klienten zu versöhnen, anstatt ihn hilfreich herauszufordern. Es ist oft leichter, durch Schweigen verstehend zu wirkend, während man den Klienten faktisch jedoch nicht verstanden hat. Die Vermeidung negativer Äußerungen und Gefühle ist bei Beratern weit verbreitet (Regan/Hill 1992).

Naturgemäß lässt sich Vermeidung schwerer als offenkundige Fehler erkennen. Der Supervisand könnte z.B. behaupten: »Ich habe meinen Klienten häufig mit seinem Alkoholkonsum konfrontiert.« Nur durch Abhören der Tonbänder kann der Supervisor feststellen, dass »häufig« in Wirklichkeit selten war und dass die Konfrontation mit nicht herausforderndem Stimmklang erfolgte. Aufmerksamkeit für den Parallelprozess kann Hinweise auf Vermeidungen zwischen Berater und Klient geben, man sollte aber auch andere Mittel suchen, um herauszufinden, was wirklich in den Sitzungen passiert. Wenn ein Supervisand von einem bestimmten Klienten berichtet, der ständig zu spät kommt, obwohl dies Ärgernis klar mit ihm besprochen wurde, könnte ein Rollenspiel sinnvoll sein. Der Supervisand übernimmt die Rolle des Klienten und Sie spielen die Rolle eines Forschers oder die der Partnerin oder Freundin des Klienten. Als Forscher oder Freundin führen Sie die Idee ein, dass es leicht ist, den Berater zu verunsichern. Lassen Sie den Berater (in der Klientenrolle) darüber nachdenken, ob dies stimmt oder nicht und was noch damit zusammenhängt. Ermutigen Sie den Supervisanden, aus der Perspektive des Klienten zu denken und zu lernen.

> **Merksatz:**
>
> Berücksichtigen Sie Art und Grad von Fehlern und Vermeidungen in der Beratungstätigkeit Ihrer Supervisanden, regen Sie konstruktive Untersuchungen solcher Fälle an, und helfen Sie Supervisanden, davon zu lernen.

26. Unterstützen Sie die Supervisanden, hilfreiche und schädliche Gegenübertragungen zu identifizieren

Die Gefühle, Gedanken, Empfindungen und Bilder, die wir als Berater über unsere Klienten haben und uns bewusst machen, können unsere Effektivität sowohl erhöhen als auch sabotieren. Ob wir psychodynamisch arbeiten oder nicht, wir sollten ständig unsere Aufmerksamkeit auf die indirekten Botschaften richten, die wir durch und über unsere Klienten erhalten. Wir haben schon an anderer Stelle einige der vielen emotionalen und unbewusst vermittelten Nuancen in der Beratungsbeziehung diskutiert (Dryden/Feltham 1994a). Casement (1985) ist ein führender Vertreter des Konzeptes der Selbstsupervision; es basiert darauf, dass der Berater die häufig unbewussten und kodierten Klientenbotschaften zu verstehen lernt. Sind Berater gegenüber der Vielfalt subtiler Klientenwirkungen sensibilisiert, können sie während und nach den Sitzungen ihre eigenen Gegenübertragungen schneller und genauer überwachen. Dennoch können auch Supervisoren den Beratern zusätzlich eine nützliche, objektive Perspektive zur Selbstsupervision bieten.

Wenn ein Berater sagt, »Ich mag diesen Klienten gar nicht«, oder: »Ich fühle mich während der Sitzung mit Ron immer sehr müde«, scheint dies auf Grenzen des Beraters hinzudeuten, sollte aber genauer analysiert werden. Es ist oft möglich, dass der Klient dem Berater eine unbewusste Botschaft vermittelt. In diesem Fall empfindet die weibliche Beraterin unbewusst Abneigung gegen ihren männlichen Klienten wegen seines subtil negativen Verhaltens. Die Beraterin fühlt sich unfähig oder unwillig, diesem Klienten zu helfen. Sie muss sich geradezu aufraffen, den Problemen des Klienten während der Sitzung Aufmerksamkeit und Interesse entgegenzubringen. Was könnte der Klient indirekt »sagen«? Einige Klienten haben starke Gefühle, die der sehr frühen Kindheit entstammen und nicht direkt und verbal geäußert werden können. Wenn solche Gefühle nicht besprochen werden können, geraten sie kraftvoll und unbewusst »unter die Haut« der Beraterin. Wenn Berater zuerst unerklärliche Gefühle gegenüber Klienten empfinden, kann dies wichtige Gegenübertragungen anzeigen. Supervisoren können ihren Supervisanden helfen, sich der Vorstellung zu öffnen, dass durch diese Gefühle nützliche Botschaften der Klienten transportiert werden. Wird die Gegenübertragung ignoriert oder fälschlicherweise der »Pathologie« des Supervisanden zugeschrieben, gehen wertvolle Gelegenheiten verloren und der Supervisand wird sich schuldig fühlen statt unterstützt.

Robertiello/Schoenewolf (1987) bieten eine interessante Auflistung üblicher Fehler von Beratern und Therapeuten, die auf dem Versäumnis beruhen, die Instanzen der Gegenübertragungen des Beraters zu erkennen. Sie besprechen den Fall eines Therapeuten, bei dem ein besonderer Klient nach einer Phase extrem negativer Übertragung diese in intensive erotische Übertragung umwandelt. Der Therapeut, der sich durch diese homosexuellen Äußerungen bedroht fühlte, weil er sich mit diesen Anteilen seiner eigenen Sexualität nicht auseinander gesetzt hatte, empfahl dem Klienten die sofortige Beendigung der Therapie, statt sich mit der eigenen Gegenübertragung auseinander zu setzen. In diesem Fall war die Arbeit eindeutig psychoanalytischer Natur. Unabhängig von der theoretischen Ausrichtung des Beraters wird die Beratungswirkung geschwächt, wenn Berater die Begrenzungen durch Gegenübertragungen nicht wahrnehmen oder sich sogar hartnäckig weigern, sich mit der Möglichkeit widerständiger Gegenübertragungen auseinander zu setzen. Bemerkt ein Supervisor die plötzliche Ungeduld des Therapeuten, den Klientenkontakt zu beenden, sollte er auf Gegenübertragungswirkungen achten und dem Supervisanden bei der Untersuchung des Sachverhaltes behilflich sein. »Es sieht so aus, als ob Sie Ihren Klienten nur noch loswerden wollen, seitdem er Ihnen gegenüber sein Verhalten von feindlich zu positiv, ja sogar erotisch, änderte: Das erscheint untersuchenswert.« Diese Form der Intervention könnte eine hastige Beendigung verhindern und einen fruchtbaren neuen Arbeitsbereich erschließen.

Offensichtlich wählen Supervisanden im supervisorischen Kontext aus, was sie als »problematisch«, »interessant«, »unkompliziert« usw. empfinden. In der Gruppensupervision, wenn Berater nur begrenzte Zeit für ihre Fälle haben, werden z.B. oft einige einen »dringenden« Fall, andere nur »allgemeine Themen« und wieder andere »wirklich nichts, keine Probleme« haben. Dabei wird deutlich, dass z.B. der »dringende« Fall des einen dem anderen unkompliziert erscheint. Supervisoren sollten gut darauf achten, wie Supervisanden ihre Klienten vorstellen oder wie sie dies vermeiden. Unseres Erachtens ist es während der Ausbildung unerlässlich, dass alle Studenten ihre Fälle regelmäßig besprechen. Aber auch bei erfahrenen Beratern sollten sich Supervisoren fragen, warum bestimmte Supervisanden selten dringende, interessante oder bemerkenswerte Fälle zur Diskussion stellen. Gleichzeitig werden sie feststellen, dass einige nur dringende Themen haben. Wir vermuten, dass solche Phänomene nicht zufällig sind, sondern signifikant verborgene Gegenübertragungselemente anzeigen.

Achten Sie auch in der Einzelsupervision auf die Art, wie Supervisanden bestimmte Klienten endlos diskutieren und über andere hinweggehen, als ob sie nicht von Interesse wären. Es lohnt sich, gelegentlich von Ihren Supervisanden zu fordern, ausgiebig und intensiv ihre vernachlässigten und unterrepräsentierten Klienten zu besprechen und ihre »Lieblinge« oder problematischen Fälle vorübergehend außer Acht zu lassen. Dieses »Aufrütteln« könnte Supervisanden zum genaueren Nachdenken darüber zwingen, warum sie in der Supervision bestimmten Klienten übertrieben viel Zeit und Energie widmen und anderen wenig oder keine. Ein Beispiel: Als eine Supervisandin über eine Klientin sprechen sollte, die sie als »geradeheraus« bezeichnet und erklärt hatte, dass sie diese »wirklich mag«, hatte sie große Schwierigkeiten, ihrem Supervisor diesen Fall zu erklären. Als sie sich bemühte, ihre Arbeit mit der Klientin zu artikulieren, wurde deutlich, dass es sich um eine kollusive intime Beziehung handelte, aus der sie Trost und Faszination gewann, während die Klientin – bezogen auf den Anlass der Beratung – wenig profitierte. In einem anderen Fall, vom Supervisanden als »klarer Trauerfall« beschrieben, stellte sich seine Unfähigkeit heraus, mit den eigenen Emotionen umzugehen, die durch die Verlusterfahrung des Klienten aufgewühlt worden waren. Er hatte die Beratung zu einem routinemäßigen, unterstützenden Gespräch eingeebnet.

Lassen Sie uns eine etwas andere Perspektive zur Gegenübertragung einnehmen. Wir stellen uns vor, dass Sie und Ihr Supervisand in einer Organisation für Kurzzeitberatung arbeiten, die vorwiegend kognitiv-verhaltenstherapeutisch orientiert ist. In Ihrer Rolle als Supervisor besprechen Sie mit Ihrem Supervisanden, wie er seinem Klienten hilft, dessen soziale Ängste zu überwinden. Der Berater aber beklagt den langsamen Fortschritt seines Klienten. Indem Sie Ihre Aufmerksamkeit auf die Selbstäußerungen des Supervisanden über diesen Fall richten, entdecken Sie beide, dass er eigentlich die Ängstlichkeit des Klienten verabscheut, weil er als junger Mann ein ähnliches Problem hatte und es tatkräftig überwand. Der Berater sagte sich daher, dass der Klient zu rascherer Veränderung fähig sein sollte und, noch subtiler, wenn er sich nicht sofort änderte, würde dies negativ auf das Selbstbild des Beraters ausstrahlen. Obwohl der Begriff Gegenübertragung psychoanalytischen Ursprungs ist und viele Bedeutungen hat, denken nicht alle Berater in dieser Begrifflichkeit. Ob die Phänomene von Übertragung und Gegenübertragung nun so genannt werden oder nicht: Wichtig ist, dass jedes Supervisonskonzept die Spuren verschiedenartiger, hilfreicher und schädlicher Symptome dieses Formenkreises identifizierbar macht, damit Supervisoren sie suchen und ihre Kraft nutzen können.

Merksatz:

Helfen Sie Supervisanden, einzeln oder in Gruppen, ihre Gedanken und Gefühle gegenüber ihren Klienten zu identifizieren und zu untersuchen, um schädliche Gegenübertragung zu reduzieren und positive zu nutzen.

Schutz von Klient und Berater

27. Achten Sie darauf, ob der Berater zu viele oder besonders schwierige Klienten annimmt, und intervenieren Sie entsprechend

Studenten kommen mit verschiedenen professionellen Erfahrungshintergründen in die Beraterausbildung. Einige sind z.B. sehr erfahrene Berater, die sich weiterbilden oder ihr Wissen auffrischen wollen. In solchen Fällen arbeiten sie möglicherweise in einer privaten Praxis mit einer feststehenden Klientenzahl. Unseres Wissens ist keine Leitlinie über eine akzeptable, maximale Fallzahl veröffentlicht. In der Praxis beginnen Studenten oft mit zwei oder drei Klienten und verbringen bis zu einem Jahr damit, nicht mehr als drei Klienten pro Woche zu treffen. Wir hörten jedoch von anderen Fällen, in denen Berater eine größere Zahl von Klienten in verschiedenen Settings annehmen, sogar eine Privatpraxis eröffnen, bevor sie voll ausgebildet sind. Wir empfehlen eine allmähliche Erhöhung der Fallzahlen, und wir warnen davor, Anfänger mehr als sechs Klientenstunden wöchentlich leisten zu lassen, bis sie angemessene Erfahrungen gesammelt haben. Übereifer zum Erreichen einer hohen Fallzahl verrät ungebührliche Hast und Widerwille, im notwendigen, bescheidenen Tempo zu lernen. (In manchen Fällen werden neu qualifizierte Berater aus ökonomischen Gründen zur Annahme hoher Fallzahlen verführt; dieser Druck sollte, wenn irgend möglich, unbedingt vermieden werden.)

Wir haben uns in Kapitel 12 mit dem erforderlichen Verhältnis zwischen Supervisionsstunden und Sitzungsanzahl mit Klienten beschäftigt. Es ist offensichtlich sinnvoll für den Berater, die Menge der beanspruchten Supervision mit der Anzahl der aktuellen Klienten in Einklang zu bringen. Aber Supervision hat eine Effektivitätsgrenze, auch wenn sie ausreichend zur Verfügung steht. Berater werden kaum hilfreich praktizieren können, wenn sie mit 30, 40 oder 50 Klienten pro Woche zu tun haben, selbst wenn sie pro Woche mehrere Stunden Supervision erhalten. Man kann keine genaue, optimale Klientenzahl bestimmen, weil individuelle Umstände erheblich variieren und es einige begabte und tatkräftige Berater mit großer Kapazität gibt. Generell scheint es nach einer gewissen Zeit wahrscheinlich, dass Berater beginnen, sich ausgelaugt, unkreativ und auch zu unfähig fühlen, die Details aller Klienten auseinander zu halten. Im Interesse der einzelnen Klienten wäre es am Besten, wenn Berater nicht zu jeder Tages- und Nachtstunde mit Klienten arbeiten müssten. Aber für das Wohlergehen der Berater ist auch wichtig zu lernen, ihre eigene Effektivitätsschwelle zu erkunden. Als Supervisor sind sie vielleicht der einzige professionelle Kollege, der weiß, wie viel Klienten ein Berater behandelt. Wir halten es für eine gute Praxis, von Zeit zu Zeit zu fragen, wie viel Klientenstunden Berater pro Woche terminieren. Ein Beispiel:

Supervisor: Also Jim, sagen Sie mir, wie viel Klienten haben Sie momentan?
Supervisand: Oh, so um ungefähr 12–15 glaube ich, aber ich bin nicht ganz sicher.
Supervisor: Nun, ich wollte nicht ein geschriebenes Protokoll für jeden sehen, aber ich fände es sinnvoll zu wissen, wie viel Sie haben, um den Druck abschätzen zu können, unter dem Sie arbeiten.
Supervisand: Nun, beim letzten Auszählen waren es 16, aber einer ist gerade fertig geworden und zwei oder drei kommen vierzehntägig. Es wäre vielleicht ein gute Idee, wenn ich eine Liste machte und Sie wöchentlich informiere, ja?
Supervisor: Ja, ich fände das hilfreich. Dann wüsste ich in etwa den Umfang Ihrer gesamten Arbeitsbelastung.

Dieser kurze Dialog kennzeichnet einige Bereiche. Den Berater bedroht die Frage nicht und er erwärmt sich sogar für die Idee der Anfertigung einer fortlaufenden Liste. Der Supervisor erklärt den Grund für die Informationsanforderung und ein neues Stück supervisorischer Strukturierung findet statt. Streng gesehen ist der Supervisor für die ethisch korrekte Arbeit des Supervisanden verantwortlich, auch für dessen Inanspruchnahme einer adäquaten Anzahl von Supervisionssitzungen pro Fall. Hätte der Berater gesagt, »nun, inzwischen arbeite ich mit ca. 35 Klienten«, müsste der Supervisor erkennen, dass die Menge der Supervision nicht adäquat zum Schutz der Klienteninteressen war. Der Supervisor könnte sich auch darüber wundern, warum der Berater jede Woche über die gleichen drei oder vier Klienten redet!

Eine weitere Variante der Beraterüberforderung ergibt sich aus der Tendenz, bestimmte Arten von Klienten anzunehmen. Als Supervisoren müssen wir auf die ungesunde Tendenz einiger Berater achten, zu viele Klienten anzunehmen, die z.B. sexuell missbraucht, drogenabhängig, gewalttätig oder suizidal sind. (Falls Berater im Bereich der Drogenrehabilitation oder ähnlichen Settings arbeiten, gelten natürlich andere Überlegungen). Wenn der Berater mit seiner »Ausstrahlung« bestimmte, schwierige Klienten geradezu anzieht oder er alle seine Klienten als schwierig empfindet, muss der Supervisor dies thematisieren. Ein Beispiel:

Supervisor: Jane, ich stelle fest, dass unter Ihren acht oder neun Klienten mindestens sechs oder sieben ernsthaft depressiv erscheinen. Ich weiß nicht, ob das vielleicht zufällig ist. Außerdem überlege ich, welchen kumulativen Effekt dies auf Sie hat.
Supervisandin: Ja, ich weiß, es sind viele, und ich frage mich auch, warum gerade ich sie alle bekomme. Meine Arbeitskollegen im Zentrum scheinen nicht so viele ernsthaft depressive Klienten zu haben – dabei werden die Klienten per Zufall zugeteilt. Ich habe auch darüber nachgedacht.

Supervisor: Nun, so wie Sie Ihre Klienten hier besprechen, habe ich das Gefühl, dass Sie verantwortlich und nachdenklich mit ihnen zusammenarbeiten. Gleichzeitig fühle ich manchmal, dass Sie sich sehr intensiv mit ihnen beschäftigen und von ihrer morbiden Beschäftigung mit dem Tod geradezu »fasziniert« sind. Ist da was dran?

Supervisandin: Meinen Sie, dass ich mich auf eine ungesunde Art mit ihnen identifiziere?

Supervisor: Ich bin mir nicht sicher. Ich versuche einfach, es zu sondieren. Es kann zufällig sein, dass Sie überdurchschnittlich viele solcher Klienten haben, oder es ist es nicht. Ich denke, es ist wert anzuschauen, das ist alles.

Es ist möglich, dass sich für die Supervisandin während dieser Diskussion ein Bedrohungsgefühl einstellt. »Was denkt mein Supervisor von mir?«, wäre für diese Frau eine nahe liegende Frage. Gerade eine solche Supervisandin wartet vielleicht auf genau diese Frage, weil sie sich unbewusst über ihre Klienten Gedanken macht. Es wäre daher eher unnatürlich, eine solche Frage nicht zu stellen. Dieser Supervisor fragt direkt aber einfühlsam und lädt die Supervisandin ein, jegliche Bedeutung zu erforschen.

Natürlich spezialisieren sich auch Berater bewusst und kompetent auf bestimmte Klienten oder Klientenprobleme. Wir lehnen dies nicht ab. Aber es kann unbewusst und pathologisch geschehen und für den Berater unglückliche Folgen haben, deshalb muss es angesprochen werden. Es ist wichtig, auf Zeichen von potenziellem Stress oder Burnout der Supervisanden zu achten und jede Vermutung zu thematisieren. Wenn ein Supervisand im Extremfall darauf besteht, zu viele oder zu belastende Klienten zu behandeln, sollten Sie darüber nachdenken, ob Sie ihm anraten, Veränderungen oder Reduzierungen vorzunehmen. Wenn deutlich wird, dass der Berater ernsthaft erschöpft ist und diese Tatsache nicht erkennen kann, sollten Sie sogar *darauf bestehen*. Konsultieren Sie Dryden/Varma (1994) für Beispiele von Beraterstress und mögliche Lösungen. Ein Beispiel besonderer Stressbelastung von Beratern, die mit schwer gestörten Klienten arbeiten, geben John und Marcia Davis in Dryden (1992).

Merksatz:

Achten Sie bei Supervisanden darauf, ob insgesamt zu viele Klienten oder zu viele schwierige Klienten angenommen werden. Besprechen Sie diese Probleme mit ihnen und beschäftigen Sie sich mit deren Bedeutung, wenn dies notwendig ist.

28. Beachten Sie das Spektrum möglicher Missbräuche durch Berater und sorgen Sie dafür, dass die Supervisanden damit vertraut sind

In letzter Zeit sind Berater, die ernsthaft und offenkundig ihre Position missbrauchten und das öffentliche Vertrauen in Beratung allgemein schwächten, besonders aufmerksam registriert worden (Masson 1988; Rutter 1990; Russel 1993). Sexueller Missbrauch in Beratung ist bisher die in der Öffentlichkeit bekannte »Schlagzeile.« Aber Berater können ihre Klienten auf vielfache Weise missbrauchen und tun dies leider manchmal auch. Da Supervisoren häufig als Einzige die laufenden Fälle der Berater kennen, lastet die Verantwortung für die Kontrolle von Missbrauch schwer auf ihnen. Supervisoren mögen meist nicht die Rolle des Kontrolleurs und haben außerdem häufig wenig Zugang zum aktuellen Handeln der Berater in den Sitzungen. Supervisoren stecken in dem Dilemma, einerseits notwendiger- und üblicherweise der Darstellung der Supervisanden über ihre Arbeit vertrauen zu müssen (jedenfalls wenn keine Audio- und Videoaufzeichnungen unmittelbare Klarheit vermitteln), andererseits eine hohe Verantwortung für die Arbeit ihrer Supervisanden zu haben, wenn sie nicht gar »stellvertretend verantwortlich« (Slovenko 1980) sind. Mearns (1991) beschreibt die Erfahrung des Supervisors im Kampf mit diesen Problemen.

Berater, die ihre Macht- und Vertrauensposition gegenüber Klienten missbrauchen, handeln menschlich schädigend und professionell unethisch. Dennoch existiert ein Missbrauchsspektrum zwischen den Extremen unstrittiger Fälle sexuellen unakzeptablen Verhaltens bis zu strittigen Fällen geringfügiger Übergriffe. Fünf Minuten Verspätung zur Beratungssitzung werden von manchen Praktikern schon als missbräuchlich empfunden, weil es ernsthaft den »Beratungsrahmen verletzt« (Smith 1991), aber es richtet nicht einen solchen Schaden wie die sexuelle Verführung des Klienten an. Häufige Verspätungen des Beraters sind eindeutig beleidigend. Aber es gibt viele andere Beispiele subtilen Missbrauchs von Klienten, und es gehört zur Aufgabe von Supervisoren, Berater darauf aufmerksam zu machen und gegenüber möglichen Missbrauchsfällen wachsam zu sein. Was sind einige der Missbrauchsmöglichkeiten?

- Erstens geht es um offensichtliche, ernsthafte Brüche der professionellen Ethik. Dies umfasst die Verletzung der Schweigepflicht und finanzielle, sexuelle, emotionale oder andere Ausbeutung des Klienten. Diese Kategorien des Missbrauchs oder Berufsvergehens implizieren die wissentliche Missachtung ethischer Grenzen durch den Berater und damit die Gefährdung der Sicherheit, der Privatheit und des Wohlergehens des Klienten. Falls Sie mit Ihren Supervisanden die *Regeln zu Ethik und Praxis für die Supervision von Beratern* besprochen haben, ist ihnen sofort klar, welches Verhalten unakzeptabel ist. Dennoch sollten schwierige Grauzonen untersucht werden. Was unterscheidet z.B. eine therapeutische Berührung oder Umarmung von der Erregung oder der schlüpfrigen Neigung in Richtung sexuellen Kontaktes (vgl. Thorne [1987] mit einem lebendigen Beispiel für dieses Dilemma). Was unterscheidet die Aufforderung an den Klienten zu häufigeren Sitzungsterminen (bei höheren Kosten) von subtiler finanzieller Ausbeutung?

- Zweitens geht es um den Mangel an Respekt gegenüber der Autonomie und den persönlichen und kulturellen Werten des Klienten. Der Berater befindet sich gegenüber dem Klienten immer in der Position potenzieller Macht. Idealerweise richtet sich jede Einflussnahme nach den Interessen des Klienten, aber möglicherweise werden die Klienten zu den Meinungen und Werten des Beraters überredet, während ihre eigenen Werte ignoriert oder abgewertet werden. Es gibt unzählige Möglichkeiten mangelnden Respektes gegenüber Klienten, z.B. gegenüber den ethnischen Empfindsamkeiten, dem Zwang der sozialen Kontexte, den Realitäten der Unterdrückung, den Vorlieben der sexuellen Orientierung und den moralischen Standpunkten. Unglücklicherweise können Berater ihre Position ausnutzen, um wissentlich oder unwissentlich Klienten in Richtung einer bestimmten moralischen, religiösen, politischen oder ideologischen Sichtweise zu beeinflussen. Themen wie Abtreibung, sexuelle Orientierung und religiöser Glaube sind die wichtigsten Beispiele. Varah (1985) erkannte, dass die Klienten des »Samariters«[1] gegenüber religiösen Bekehrungsversuchen anfällig sind und verbot diese Praxis ausdrücklich. Es ist zu leicht zu glauben, einer anderen Kultur Respekt entgegenzubringen, während der Klient dies als Herablassung erlebt.
- Drittens geht es um mangelnde Anpassung an die individuellen Klientenbedürfnisse. Zu viele Berater und Psychotherapeuten scheinen »orientierungszentriert« zu sein. Mit anderen Worten, sie stellen ihre Anbindung an gewisse Theorien und Praktiken vor die tatsächlichen, hoch individuellen Bedürfnisse jedes Klienten. Das Prinzip der Übereinstimmung durch Informiertheit wird beiseite geschoben und der Klient soll sich den Voraussetzungen des Beraters über menschliche Entwicklung und bevorzugte Interventionen anpassen. Wir haben andernorts argumentiert (Dryden/Feltham 1994b), dass die Rechte der Klienten als erwachsene Konsumenten gesehen und respektiert werden müssen. Klienten sind keine Untersuchungsobjekte, an denen wir unsere kostbaren Theorien ausprobieren, sondern Menschen in verschiedenen Graden von Schmerz und Verwirrung, die reale Hilfe benötigen. Ein Beispiel schlechter Praxis: Eine Frau, die unter Panikattacken litt, wurde einem Psychotherapeuten in seine private Praxis vermittelt, der ihr sagte, dass sie mindestens dreimal wöchentlich über einen Zeitraum von zwei Jahren an Sitzungen teilnehmen müsse (außerdem sollte sie für die Sitzungen zahlen, wenn sie Urlaub machte). Dies mag einer bestimmten therapeutischen Tradition entstammen, wir halten es aber für einen missbräuchlichen Versuch, die Klientin in ein System einzufädeln, das hauptsächlich dem Therapeuten nützte. Im Gegensatz dazu wäre es auch missbräuchlich, wenn ein Berater, der in einem Wochenendseminar Techniken der »Schnellreparatur« gelernt hat, einen

1 Varah bezieht sich auf das Gleichnis des »barmherzigen Samariters« (Lukas 10,29–37) und wendet die Gleichnisfigur kritisch zum »Gutmenschen«, der mit seiner Güte Macht ausübt.

Klienten annimmt, der eindeutig fürsorgliche, unterstützende und längerfristige Beratung bräuchte und ihn »anzutreiben« versucht.

Dies sind nur einige der möglichen Missbrauchsfälle und wir schlagen Ihnen vor, Ihre eigene Liste aufzustellen. Supervisoren müssen in ihrer Praxis hochflexibel und reflexiv sein, wenn sie die Fortsetzung subtilen Missbrauchs verhindern und ihn identifizieren wollen. Es ist leicht genug, am Beginn einer Supervisionsbeziehung ethische Regeln zu besprechen, aber es erfordert ständige Wachsamkeit, die ethische Praxis zu kontrollieren. Ein wesentlicher Anteil dieser Wachsamkeit besteht in der Kontrolle der eigenen ethischen Ansichten als Supervisor. Finden Sie es vollkommen in Ordnung, wenn ein Supervisand einen Klienten zur Verdoppelung der Sitzungen pro Woche drängt, obwohl dieser nur ein geringes Einkommen hat? Kann man von Missbrauch reden, wenn ein Berater in der Konfrontation mit einem trauernden Klienten eine rigide, »neutrale« Haltung beibehält? Die Schwierigkeit dieser Fragen offenbart sich besonders dann, wenn Sie und Ihr Supervisand von der gleichen theoretischen Orientierung ausgehen, die auf häufigen Sitzungen und »Abstinenz« besteht; dann sind Sie in geheimer Übereinstimmung mit einer Art institutionellen Missbrauchs, der in diesem Fall die finanzielle Situation des Klienten und das menschliche Bedürfnis nach Trauer ignoriert.

Parallel zum Thema sollte auch möglicher Missbrauch von Supervisanden durch Supervisoren berücksichtigt werden, einiges haben wir schon früher erwähnt (vgl. Kap. 2). Das Machtgefälle innerhalb der Supervision (speziell in der Einzelsupervision mit einem älteren Kollegen) kann zur gefährlichen Annahme führen, dass der Supervisor immer Recht habe. Park (1992) zitiert einige Fallbeispiele von Therapeuten, die sich durch ihren Supervisor eingeschüchtert fühlten. Park vermutet, dass Supervisoren oft »Orthodoxie statt Spontanität betonen« und manchmal die offenen Berichte der Supervisanden über ihre Arbeit verdeckt missbilligen. Er zitiert den Fall einer Supervisandin, die Zuflucht bei »Lügen und Verheimlichung« suchte, weil sie durch ihren »rigiden, orthodoxen« Supervisor so eingeschüchtert war. Der schlimmste Fall würde eintreten bei »Studenten mit einem narzisstischen Therapeuten, der von ihnen erwartet, alle seine Meinungen zu übernehmen, und die einen dogmatischen Supervisor haben, mit dem sie nicht über das Problem reden können« (Park 1992, S. 68). Dogmatische Supervision gilt als Form von Missbrauch, weil sie die Entwicklung und Kreativität der Supervisanden im Dienste der Klienten verhindert. Lazarus kommentiert:

> »Ich ärgere mich über Supervisoren, die den Auszubildenden starkes negatives Feedback geben. ›Das war ein Fehler!‹ ›Sie hätten abwarten müssen, bis die Patientin von ihrer Mutter erzählte, bevor Sie begannen, ihre Geschwisterrivalität mit ihr zu besprechen.‹ Wer kann in diesem Fall so sicher sein, was richtig ist?« (In: Dryden 1991b, S. 221)

Notwendige ethische Grenzen sind eine Sache, aber theoretischer Dogmatismus eine andere.

> **Merksatz:**
> Seien Sie aufmerksam gegenüber den vielen möglichen Missbrauchsformen in Beratung und Supervision. Sprechen Sie darüber mit den Supervisanden und achten Sie sorgfältig auf Fälle von Missbrauch, wie subtil sie auch immer sein mögen.

29. Unterstützen und fordern Sie die Berater heraus, Methoden der Selbsterhaltung und professionellen Selbstentwicklung anzuwenden

Strozier u.a. (1993) berichteten, dass der Supervisand in ihrer Fallstudie die unterstützenden Interventionen des Supervisors sehr schätzte. Sie vermuteten, dass Studenten mehr durch »konkrete Äußerungen supervisorischer Unterstützung« geholfen würde, während fortgeschrittene Berater ein subtiles Gefühl der Unterstützung aus der supervisorischen Beziehung gewannen. Selbstverständlich schätzen wir alle Unterstützung unserer Arbeit, diese Studie zeigt aber, dass sich Unterstützung erst dann als besonders nützlich erweist, wenn sie mit angemessener Herausforderung verbunden ist. Grundsätzlich gibt es jedoch gute Gründe zu vermuten, dass Supervision dann für die meisten Berater effektiv ist, wenn sie auf einer tragfähigen Beziehung gründet. Wir haben von Supervisoren gehört, die neuen Supervisanden ominös verkünden, mit ihnen besonders herausfordernd umzugehen. Dieser Ansatz kann möglicherweise einige Berater anregen, wir glauben, dass im Großen und Ganzen eine Haltung der Zusammenarbeit effektiver ist als eine einzige übertriebene Herausforderung. Lassen Sie uns erklären, was wir unter Unterstützung verstehen.

Wir setzen Unterstützung nicht mit »Abstützung« oder Komplizenschaft mit dem Berater gleich. Wir begreifen Unterstützung vielmehr als Haltung von Akzeptanz und Verfügbarkeit. Gelegentlich bedeutet Unterstützung ein entschlossenes In-Schach-Halten. Sie deutet auf Grundvertrauen in die Arbeit des Beraters und den Wunsch hin, ihn professionell wachsen zu sehen, um damit Klienten wirksam zu helfen. Dies impliziert, dass der Supervisor fähig ist, für seinen Supervisanden in üblicherweise einseitiger Weise »präsent« zu sein. Kollegen in Intervisionsgruppen können sich als Peer-Supervisoren natürlich gegenseitig unterstützen, aber die Supervisionsbeziehung zwischen einem älteren Beraterpraktiker und einem Supervisanden bietet eine besondere Qualität: Der ältere Supervisor kann häufig unterstützende Interventionen anbieten, ähnlich, wie der Berater seine Klienten unterstützt (Heron 1990).

Ob Sie einen Beratungsanfänger oder jemanden mit längerer Erfahrung supervisieren, stets sollte eine Ihrer Hauptsorgen der Schutz des Supervisanden und somit seiner Klienten sein. In den letzten Jahren zeigte sich häufig, dass Beratung und Psychotherapie von den Praktikern ihren Tribut fordern (Guy 1987; Goldberg 1992; Dryden/Varma 1994). Die Isolierung durch private Praxis, der Stress der »Einwegintimität«, die Auswirkungen auf das Familienleben, organisatorische Bindungen und andere Faktoren werden gewöhnlich als stressverursachend für Berater festgehalten, egal wie viel Erfahrung sie haben. Als Supervisor können Sie die Auswirkungen von Stress auf Ihre Supervisanden beobachten und ihnen helfen, die Probleme anzugehen.

Im Kapitel 27 diskutierten wir Probleme, die entstehen, wenn Berater zu viele oder zu stark beanspruchende Klienten annehmen. Hier möchten wir verdeutlichen, dass Berater für unzählige subtile Stressoren anfällig sind und es besser ist, sie damit zu konfrontieren, statt dies zu übersehen. Also, was tun oder sagen Sie, wenn Sie beispielsweise vermuten müssen, dass Ihr Supervisand erschöpft, überarbeitet oder häufig atemlos wirkt? Der Druck, Supervision nicht in Therapie umzuwandeln, kann sie veranlassen, vielleicht diese Bereiche gänzlich zu vermeiden. Wir halten das für unklug. Viele Berater leisten hervorragende Arbeit und werden dabei einfach müde. Therapie sehen wir nicht als Allheilmittel für all solche Leiden an. Berater müssen z.B. daran erinnert werden, Urlaub zu machen, da in der Privatpraxis nur tatsächliche Klientenstunden abgerechnet werden, und dies kann Berater leicht abschrecken, sich Freizeit zu nehmen. Berater brauchen auch eine Balance im Lebensstil, damit sie sich nicht nur mit Beratung beschäftigen, sie brauchen Anregungen durch Beziehungen, Freizeitaktivitäten und Leben im weiteren Zusammenhang. Ein Beispiel:

Supervisor: Mir fällt auf, wie müde Sie bei den letzten Sitzungen erscheinen. Ihre Arbeit erscheint mir genauso professionell wie bisher, doch vielleicht entzieht sie Ihnen zu viel Kraft.

Supervisandin: Nun ja, ich bin auch müde, glaube ich – finanziell ist es nicht einfach gewesen, ich mache mir darüber Sorgen, und die Kinder fordern viel von mir – aber ich hoffe, dass ich nicht abgelenkt oder zu gestresst bin, oder?

Supervisor: Nein, tun Sie nicht. Ich spüre, dass Sie vielleicht eine Pause brauchen, aber ich weiß, dass Sie sich keinen Urlaub leisten können. Wir sprachen am Anfang unserer Arbeit über meine Verantwortung oder Aufgabe zu prüfen, ob Ihre Wirksamkeit im Sinne der ethischen Regeln gefährdet sei. Ich sehe zurzeit keinerlei Anzeichen dafür, aber ich halte es unter präventiven Aspekten für wert, darüber zu reden.

Supervisandin: Ja, ich verstehe, was Sie meinen. Ja, ich möchte etwas Zeit dafür verwenden, darüber zu reden. Ist das für Sie o.k.?

Diese Unterhaltung zeigt ein Gefährdungsszenarium, durch das die Beraterin in Dauerstress geraten kann. Als das Thema angesprochen wird, erkennt sie die Realität der Situation, wehrt aber gleichzeitig etwas ab. Der Supervisor bespricht die Problematik mit ihr, ohne zu urteilen. Dies könnte zu konstruktiven Überlegungen weiterführen, wie die Beraterin die notwendige Erholung im Rahmen ihrer begrenzten Möglichkeiten erhält.

Aber was ist mit dem Beratungsanfänger, der ernste Kompetenzzweifel empfindet? Michael ist mit seiner Beraterausbildung fertig und trifft in seiner Privatpraxis drei Klienten pro Woche. Zugleich macht er einen Vollzeitjob als Lehrer. Eines abends ruft er seinen Supervisor an, um ihm zu sagen, dass einer seiner ersten Klienten gerade mit einem psychotischen Schub ins Krankenhaus eingeliefert wurde. Michael ist darüber sehr beunruhigt, scheint aber sicher zu sein, dass er weder etwas unterlassen, noch zu viel getan haben kann, um dieses Ereignis verursacht zu haben. Bei einer späteren Supervision beginnt er jedoch laut nachzudenken, ob er als Berater geeignet ist. Der Supervisor fragt ihn, ob er etwas Zeit für diese Überlegungen verwenden möchte, da er die Frage sehr ernst nimmt. Obwohl er sagt, dass er sich schuldig fühlt, »Supervisionszeit für sich selbst zu verwenden«, findet der Supervisor dieses Gespräch legitim und für diese Entwicklungsphase unentbehrlich. Während des Gespräches kristallisiert sich heraus, dass in Michaels bisherigem Leben immer wieder seine Kompetenz angezweifelt wurde und die psychotische Episode seines Klienten alte Erinnerungen aktivierte. Am Ende der Sitzung fühlte er sich erleichtert und bestätigt. Der Supervisor war ihm behilflich, sich mit alter und aktueller Verzweiflung auseinander zu setzen, sie zu lösen und seine Identifikation als Berater zu festigen.

Dies ist eine Form der Unterstützung während der Sitzung. Der Supervisor entschied sich dafür, kurzfristig seine Aufmerksamkeit auf den emotionalen Zustand des Supervisanden zu richten statt den Fall zu diskutieren. Wo könnte ein solches Szenario hinführen? In diesem Fall war sich der Supervisor z.B. sicher, dass Michael im Begriff war, ein sehr kompetenter Berater zu werden und eines der Hauptprobleme war sein eigener strenger, wenn nicht perfektionistischer, Standard. Deshalb schlug der Supervisor vor, dass Michael sich eine Phase weniger intensiver Selbstbeobachtung erlauben sollte, um frei für die Entdeckung seines eigenen Beraterstils zu sein und weniger Zeit für Notizen, Tonbandaufnahmen, Lesen und Reflektieren zu investieren. Der Supervisor hätte zusätzlich empfehlen können, dass Michael sich selbst und seine tiefer liegenden irrationalen Ängste einschätzte. Burns (1980) bietet eine nützliche Darstellung des Perfektionismus und wie er zu verringern ist; solche Selbsthilfeliteratur kann jenen Supervisanden empfohlen werden, die sich selbst in sinnlose Stressentwicklungen und sogar in Burnout treiben. Scheuen Sie sich nicht, Ihren Supervisanden Lesematerial und andere Methoden des Stressmanagements zu empfehlen, die ihre Praxis durch die Berücksichtigung der eigenen Bedürfnisse erweitert. Selbstentwicklung besteht nicht immer aus anstrengenden Übungen, sondern oft aus Aufmerksamkeit für und Veränderung der Einstellungen gegenüber ungesunden Gewohnheiten und Selbstverurteilungen.

Merksatz:

Vergessen Sie nicht, auf der Seite des Beraters zu stehen, unterstützen Sie seine Bemühungen und bleiben Sie dabei gleichzeitig wachsam für Anzeichen von Stress und Selbstzweifeln, um nützliche Vorschläge und Interventionen unterbreiten zu können.

30. Pflegen Sie Ihre Entwicklung als Supervisor, entwickeln Sie Ihre supervisorischen Fähigkeiten durch Fortbildung und verhalten Sie sich als Modell professioneller Verbindlichkeit

Viele von uns sind vor Jahren in die Rolle des Supervisors hineingestolpert oder sie wurde uns »angedient.« Erst in den letzten Jahren wurden in Großbritannien Ausbildungskurse für Supervisoren eingerichtet, wahrscheinlich lernten praktizierende Beratersupervisoren eher aus Erfahrung statt durch formelle Ausbildung. Abhängig von Ihren Arbeitsbedingungen können sie sich entweder fortbilden, oder es wird einfach erwartet, dass Sie sich die benötigten Fertigkeiten aufgrund Ihrer langen Erfahrung aneignen. Tatsächlich können erfahrende Praktiker aufgrund ihrer vielfältigen Erfahrungen mit vielen Klienten und Supervisanden wichtige Erfahrungen weitergeben. Erfahrung kann aber auch Selbstgefälligkeit und blinde Flecken begünstigen. In diesem Kapitel beschäftigen wir uns mit Ihrer eigenen Entwicklung als Supervisor.

Unabhängig von Ihren verschiedenen Entwicklungsphasen als Supervisor bilden Sie einen eigenen Stil, eigene Stärken und Schwächen heraus. Wenn Sie in vielen verschiedenartigen Rahmenbedingungen gearbeitet haben und eine breite Streuung von Klienten oder Klientengruppen erlebt haben, können Sie den Supervisanden ein breites Erfahrungsspektrum anbieten. Wenn Sie z.B. ein Berater um Informationen über die Schwierigkeiten im Umgang mit Drogenabhängigkeit bittet, können Sie authentische und hilfreiche Informationen anbieten, wenn Sie dort tätig waren. Haben Sie aber hauptsächlich Erfahrungen aus freiberuflicher Praxis mit eher wohlhabenden Klienten und Supervisanden, können Sie z.B. wenig zum Thema Arbeitslosigkeit und entsprechenden Schwierigkeiten beitragen. Nach den BAC-Regeln müssen Supervisoren ihre eigene, direkte Praxis mit Klienten aufrechterhalten, um in Kontakt zu den Alltagsproblemen der Beratung zu bleiben.[1] Wir empfehlen Supervisoren, wann immer möglich klinische Erfahrungen in unterschiedlichen Rahmenbedingungen und mit unterschiedlichsten Klientengruppen zu sammeln. Wir zwei arbeiteten z.B. schon in Krankenhäusern, Freiwilligenorganisationen, Wohnheimen, Studienberatungsstellen, Unterstützungsprogrammen für Arbeitnehmer, Privatpraxen und unter vielen anderen Bedingungen. Wir schätzen diese Erfahrungen, weil sie

1 Im Original wunderschön: »... to stay in touch with the ›coal face‹ of counselling« (S. 120).

uns mit einer breiten Streuung von Klienten aus vielen sozialen Schichten in Berührung brachten.

Nicht nur weitere Berufserfahrung mit Klienten und mit Supervisanden unter verschiedensten Bedingungen, sondern auch die formelle Ausbildung als Supervisor fördert die eigene Entwicklung. Jetzt werden immer mehr Ausbildungskurse für Supervisoren angeboten, nehmen Sie daran teil, auch wenn Sie sehr erfahren sind. Dies soll Sie ermutigen, sich erneut mit den Grundlagen der Supervision auseinander zu setzen, aber auch Defizite und unterentwickelte Bereiche beruflicher Praxis herauszufinden. Beratung und Supervision sind sehr offen für Innovationen, die Supervisorenausbildung bietet die Möglichkeit, neue Beratungs- und Supervisionsmodelle kennen zu lernen; das neue Interesse an Kurzzeitberatung und Kurztherapie kann beispielsweise für Supervisoren, deren Ausbildung länger zurückliegt und die bisher nicht mit zeitlich begrenzten Methoden konfrontiert waren, herausfordernd und anregend sein. Die Ausbildungsgruppe bietet Ihnen die Chance des Erfahrungsaustausches mit Supervisionskollegen. Angesichts der isolierten Arbeitsweise von Beratung und Supervision sind solche Gelegenheiten willkommen.

Eine Möglichkeit zur Fokussierung auf die Entwicklung Ihrer supervisorischen Fähigkeiten ist die Bewerbung zur Anerkennung als Supervisor durch die BAC. Die Details dieses Prozesses sind in Anlage 5 aufgeführt. Eine Kollegin, die diesen Anerkennungsprozess erfolgreich abschloss, berichtete uns, dass das Anerkennungsverfahren an sich ein wichtiges Übungsfeld bot, um ihre Stärken zu erkennen und ihr Engagement zu erneuern. Akkreditierung und Anerkennungsprozeduren erscheinen oft als negative bürokratische Hürden, aber ihr positiver Wert liegt in der eindeutigen Bestätigung der vorhandenen Fähigkeiten. Die Darstellung des eigenen Stils, seiner Fähigkeiten und Konzepte zur Überprüfung vor Kollegen lässt Sie eine neue Perspektive zur eigenen Arbeit gewinnen. Benutzen Sie Anlage 4, um Ihre supervisorische Kompetenz zu beurteilen.

Nur ein schmaler Grat trennt das gesunde Streben nach Professionalität von ungesunder Besessenheit durch Beratung, Supervision und Ausbildung. Wenn Ihr Leben vollkommen von Praxis und Reden über Beratung dominiert ist, schließen Sie möglicherweise die notwendigen Dimensionen des »wahren Lebens« aus. Wir raten davon ab, total in das Milieu von Beratung und Supervision abzutauchen. Wir glauben, dass Ihre professionelle Sphäre genug Raum für Vervollkommnung bietet. Selbstverständlich lernen Berater viel von ihren Ausbildern und Supervisoren, mehr unbeabsichtigt als gewollt. Erfahrene Berater, die in Dryden/Spurling (1989) ihre professionelle Entwicklung beschrieben, zitieren häufig ihre Supervisoren als wichtige formende Einflüsse. So wie wir aufmerksam gegenüber Parallelprozessen und anderer Supervisionsdynamik sind, können wir auch nicht den Einfluss unseres eigenen Verhaltens in Supervisionen auf unsere Supervisanden ignorieren.

Auch wenn es nicht in Ihrer Absicht liegt, dass Ihre Supervisanden ihrem Beratungsstil und ihren Meinungen nacheifern, wäre es doch naiv anzunehmen, dass Supervisoren keine Wirkungen erzielen, besonders in der Supervision von Berufsanfängern durch erfahrene Praktiker. Wir halten eine Idealisierung durch die Supervisanden für problematisch, gleichzeitig müssen wir akzeptieren, dass Supervisanden eher unterschwellig guten Gewinn aus unserem bewussten und unbewussten Verhalten ziehen. Ein Beispiel: An einer unserer Supervisandinnen wurde zunehmend deutlich, dass sie den Supervisor für um so viel erfahrener als sich selbst ansah, dass sie alle seine Aussagen als Autorität nahm, der sie folgen müsse und die auch wertvoller als ihre eigenen Einsichten sei! Um ein hilfreiches Lernen am beruflichen Modell anzubieten, ist als Schlüsselqualifikation gefordert, eigene Grenzen, Zweifel und manchmal schlichte Unkenntnis zu offenbaren. Wenn Ihr Supervisand sie z.B. nach Ihren Erfahrungen und Kenntnissen über spielsüchtige Klienten fragt, müssten Sie anworten: »Ich habe bis jetzt noch nicht mit solchen Klienten gearbeitet«, oder sogar: »Ich persönlich finde es extrem schwierig, mit solchen Problemen zu arbeiten.«

Ihre eigene professionelle Entwicklung als Supervisor kann von Fortbildung, gelegentlicher persönlicher Therapie, Forschung oder anderen intellektuellen Interessen, Lehre und Seminarpräsentationen usw. profitieren. Dies sollte mit Aufmerksamkeit gegenüber Ihrem Privatleben, Beziehungen, ausreichender Entspannung und Erholung verbunden werden (Guy 1987). Es ist zu hoffen, dass eine ausgewogene Beziehung zwischen Professionalität, persönlicher Gesundheit und Integrität sich darin zeigt, wie Sie Ihre Supervisanden behandeln. Es wird gesagt, dass Supervision gegenüber Beratung eine entspanntere, kollegiale Aktivität sei. Wir halten das für wahr und betrachten es als großen Gewinn, dass sich ein Teil der Freude an Supervision aus der Möglichkeit ergibt, vom Beratungsprozess durch und mit den Supervisanden zu lernen. Supervision ist häufig informeller als Beratung, vielleicht, weil sie mehr Selbstoffenbarung und Humor enthält. Sie ist gleichzeitig das »ernsthafte Geschäft«, Beratern bei der Verbesserung und Erweiterung ihrer Fähigkeiten behilflich zu sein. Vielleicht ist der wichtigste Aspekt in der Supervisorenentwicklung zu lernen, das Professionelle und das Persönliche in der Balance zu halten und Technik und Beziehung miteinander zu verweben. Darüber können Sie mit Ihrem eigenen Kontrollsupervisor oder Ihrem Konsultator sprechen.

Merksatz:

Beurteilen Sie, in welchen Bereichen Sie Ihre Entwicklung als Supervisor fortsetzen müssen, wägen Sie Ihre ständige berufliche Bildung gegenüber Ihren persönlichen Bedürfnissen ab und achten Sie auf den professionellen und persönlichen Eindruck, den Sie bei Supervisanden hinterlassen.

Epilog

Wir hoffen, dass Supervisoren und angehende Supervisoren von den Fragestellungen dieses Buches profitieren und dass sie als Diskussionsanregungen dienen. Je nach Ihrer theoretischen Orientierung und Ihrem Entwicklungsstand als Supervisor, werden Sie einige Aspekte nützlicher oder wichtiger als andere finden. Wenn Sie den Ehrgeiz haben, als Supervisor ein »Alleskönner« zu werden, fähig, auf die Bedürfnisse unterschiedlichster Berater zu antworten, dann kann Ihnen jedes Kapitel dieses Buches die breit gefächerten Ziele und Aufgaben bewusst machen und erinnern, die Gegenstand der Supervision sind. Denken Sie aber daran, dass nur wenige Supervisoren alle Themen für alle Supervisanden abdecken können.

Mit der zunehmenden Professionalisierung der Beratung ist unweigerlich eine Zunahme von Ausbildungskursen für Supervisoren verbunden und es lassen sich auch klarere Aussagen darüber treffen, welche Supervisionsniveaus für Berater und Supervisoren selber erforderlich sind. (Die Supervision der Supervisoren, also Lehr- und Kontrollsupervision, wurde in diesem Buch nur am Rande erwähnt.) Gleichzeitig möchten wir vor den Fallen der Professionalisierung warnen. Nicht jeder stimmt der Entwicklungstendenz der Beratung zu, ein bürokratisches Paket von Ausbildungsspezialisierung, Praxis und Supervision zu schnüren. Einige Berater befürchten, dass die zunehmende Professionalisierung jene Beratungstätigkeit abwertet, die nicht mit den neuesten Standards und Bedingungen übereinstimmt. Die Anerkennung von gesundem Menschenverstand, Liebe, Humor und Spontanität in Beratung und Supervision könnten durch die Entwicklung in Frage gestellt werden.

Wir sind uns bewusst, dass Beratung und Supervision zu leeren Ritualen abgewertet werden können. Da Supervision für Berater *verpflichtend* ist, besteht häufig ein Risiko, dass sich im Laufe der Zeit ein supervisorisches Ritual mit minimalem Lernen entwickelt. Wegen dieses Risikos müssen Supervisoren und Supervisanden fortwährend für Diskussion und Verhandlungen zu Grundprinzipien und Praxis der Supervision offen sein. Ein Ziel dieses Buches ist die Entmystifizierung der Supervision. Wir begrüßen die Veröffentlichung weiterer Texte und Forschungen und die Einrichtung exzellenter Ausbildungskurse für Supervision. Auch empfehlen wir, dass Leser sich mit der wertvollen, weiterführenden Arbeit der Standing Conference for the Advancement of Training und Supervision (SCATS) vertraut machen.

Anhang

Anlage 1: Klientenpräsentation für Supervision[1]

Die Präsentation eines Klienten für Supervision – einige Rahmenbedingungen für Supervision und Fallstudie

1. Identifikation

1.1 Nur Vorname, Geschlecht, Altersgruppe/Lebensstufe.
1.2 Ihre ersten Eindrücke, äußerliche Erscheinung.

2. Vorgeschichte

2.1 Kontakt. Wie kam der Klient zu Ihnen, z.B. Selbsteinweisung.
2.2 Kontext/Ort, z.B. Agentur, Privatpraxis, Krankenhaus usw.
2.3 Vorinformation. Was wissen Sie über den Klienten vor der ersten Begegnung? Wie nutzen Sie diese Information? Irgendwelche früheren Kontakte mit dem Klienten und mögliche Implikationen?

3. Präsentierung des Problems und Kontrakt

3.1 Zusammenfassung des Klientenproblems.
3.2 Ihre anfängliche Einschätzung. Dauer des Problems, auslösende Faktoren (d.h.: Warum kam der Klient jetzt). Gegenwärtige Konflikte oder Themen.
3.3 Kontrakt. Häufigkeit, Dauer und Anzahl der Sitzungen. Vorläufiger Beratungsplan.

4. Fragen für die Supervision

4.1 Schlüsselfrage(n) oder Themen für die Supervision.

5. Inhaltsfokus

5.1 Klientenbericht der Problemlage

- Arbeit – Wichtige Tätigkeit, Interessen. Wie nutzt der Klient seine/ihre Zeit und Energie?
- Beziehungen – Wichtige Menschen, Familie, Freunde.
- Identität. Selbstwahrnehmung, Gefühle und Meinungen über sich selbst.

Zusätzliche, dazugehörende oder erklärende Elemente könnten die früheren oder vergangenen Erlebnisse des Klienten sein; seine Stärken und Ressourcen; Werte und Glauben; Hoffnungen, Ängste und Fantasien. Mögliche Bezüge kultureller, ökonomischer, sozialer, politischer und anderer Systeme.

1 Nach Horton 1993.

5.2 Problemdefinition
- Konstruieren Sie ein Bild des gegenwärtigen Zustandes aus Sicht des Klienten.
- Welches Szenario bevorzugt der Klient? Was sollte laut Klient geschehen? Wie sollten die Dinge sein?

5.3 Analyse und Neuformulierung – wie betrachten und erklären Sie das Problem?
- Muster, Fäden, Themen, Zusammenhänge, die sichtbar werden.
- Auf welche Art sollten diese Dinge erforscht werden? Welche theoretischen Konzepte/Modelle oder Erklärungsmuster dienen der Einschätzung? Welche Vermutungen? Welche neuen Perspektiven?
- Was könnte noch für die Untersuchung wichtig sein? Welche unausgesprochene Hypothese, blinder Fleck? Welche verdeckten Punkte oder vergangenen Probleme gibt es?

5.4 Beratungsplan
- Welche Richtung oder Fokussierung für die zukünftige Arbeit? Welche Möglichkeiten, Agenda?
- Welche Veränderungskriterien: Theoretischer Rahmen und Vermutungen?
- Zusammenfassung und/oder Pläne formulieren.

6. Fokus und Verfahren

6.1 Strategien und Interventionen
- Welche Strategien benutzten Sie bisher?
- Was wollten Sie damit erreichen?
- Was war die Wirkung beim Klienten?
- Kreieren Sie andere Optionen.

6.2 Beziehung
- Was geschah zwischen Ihnen und dem Klienten? Beschreiben Sie die Beziehung; rahmen Sie die Beziehung; versuchen Sie eine Metapher.
- Was passierte im Klienten selbst (Übertragung)?
- Was passierte in Ihnen (Gegenübertragung)?
- Welche Veränderungen gab es in der sich entwickelten Beziehung innerhalb des Zeitraums, über den geredet wird?
- Evaluieren Sie das »Arbeitsbündnis«.

6.3 Auswertung
- Prozess überprüfen.
- Berücksichtigen Sie alternative Aufgaben, Strategien und andere Möglichkeiten zur Umsetzung der Beratungspläne.

7. Fokussierung auf den Parallelprozess

7.1 Was passierte zwischen Ihnen und dem Supervisor?

7.2 Gab es Parallelen? Welche Gedanken, Gefühle und Erfahrungen? Sagt Ihnen das Geschehen in der supervisorischen Beziehung etwas über Sie selbst und Ihren Klienten?

8. Kritische Ereignisanalyse

8.1 Beschreibung
- Was sagte oder tat der Klient in dieser besonderen Situation?
- Was taten oder sagten Sie?
- Wie reagierte der Klient auf Ihre Intervention?
- Wie ging es Ihnen dabei?

8.2 Analyse
- Was passierte beim Klienten (im Inneren)?
- Was geschah zwischen Ihnen und dem Klienten?
- Intention und Wirkung von Intervention/Erwiderung.
- Welche Vermutungen/Hypothesen hatten oder haben Sie?
- Zusammenfassung. Weitere Perspektiven, Strategien oder Interventionen?

9. Horchen auf Aspekte verdeckter Kommunikation

9.1 Was geschah in Ihrem Inneren? Können Sie Ihre eigene emotionelle Erwiderung zum Klienten wahrnehmen? Vielleicht merken Sie Ihre Gefühle zuerst und die Gedanken später. Eine Reflexion über Ihre emotionelle Erfahrung kann helfen, Informationen über den Bereich des Klienten zu sammeln, der am dringendsten Ansprache braucht.

Eine einfache Art, sich selbst als Messinstrument zu setzen, ist zu fragen:
- Wie fühle ich mich mit diesem Klienten?
- Was sagte oder tat der Klient, damit ich mich so fühle?
- Was will der Klient von mir und welches Gefühl versucht er oder sie, in mir zu erzeugen, um etwas zu erreichen?

9.2 Was passiert beim Klienten?

Verschiedene Arten des Zuhörens, um beim Klienten herauszuhören, was wesentlich und emotional wichtig ist. Die Betonung liegt auf Aspekten verdeckter Erfahrung, statt explizitem Inhalt.

Sie können lernen, angemessen zuzuhören/zu beobachten und dies zu spiegeln, wenn es passend ist.
- Veränderungen in der Stimmqualität – dies könnte eine innere Fokussierung auf etwas sein, das anders aussieht oder sich anfühlt.
- Hohe Empfindlichkeit/Überempfindlichkeit auf Worte oder Phrasen.
- Inhaltsaspekte, die Sie nicht wirklich verstehen – möglicherweise der Klient auch nicht.

- Kodierte Äußerungen – über andere Menschen oder Situationen, die auf einer anderen Ebene Deutungen des Klienten umformulieren. Ein Klient sagt beispielsweise: »Es beunruhigt mich, den kleinen Hund allein zu sehen.« Eine Umformulierung könnte sein: »Indem Sie den kleinen Hund sahen, fühlten Sie sich verlassen und abgelehnt. Irgendetwas wegen Einsamkeit quält Sie.«

Die Umformulierung zur Fokussierung auf den Klienten kann fast als Spiel in der Supervision geübt werden.

- Indirekte oder verstellte Kommunikation. Alles, was in der Sitzung gesagt wird, kann sich auf Sie und/oder die Beratungsbeziehung beziehen. Sofort ansprechen.
- Non-verbale Kommunikation, z.B. schweigen, vor sich hin starren, körperliche Haltung. Nutzen Sie Ihre Intuition zur Deutung der Innenerfahrung des Klienten.

Anlage 2: BAC-Regeln zu Ethik und Praxis für die Supervision von Beratern

A. Einführung

A.1 Der Zweck dieser Regeln ist, Standards für Supervisoren in ihrer Supervisionsarbeit mit Beratern zu etablieren und Berater, die Supervision wollen, zu informieren und zu schützen.
A.2 Ethische Standards beinhalten Werte wie Integrität, Kompetenz, Schweigepflicht und Verantwortung.
A.3 Dieses Dokument sollte im Zusammenhang mit den Ethik-Regeln für Berater behandelt werden.
A.4 Mitglieder dieser Vereinigung, die diesen Regeln zustimmen, akzeptieren ihre Verantwortung gegenüber Beratern und deren Klienten, deren Organisationen, gegenüber Kollegen und dieser Vereinigung.
A.5 Es gibt verschiedene Modelle der Supervision. Dieser Kodex bezieht sich auf alle Möglichkeiten.
Der *Ethik-Kodex* besteht aus drei Kapiteln:
1. Die Beschaffenheit von Supervision
2. Verantwortungsbereiche
3. Kompetenzbereiche

Der *Praxis-Kodex* hat zwei Kapitel:
1. Das Management der Supervisionsarbeit
2. Schweigepflicht

Der Anhang beschreibt verschiedene Modelle von Supervision und kommentiert Themen, die für einzelne Modelle relevant sein könnten.

B. Ethik-Kodex

B.1 Die Beschaffenheit von Supervision

1.1 Das Hauptziel der Supervision ist die Sicherung der Bedürfnisse des Klienten durch den Berater.
1.2 Supervision ist ein formaler Prozess der Zusammenarbeit. Der Begriff »Supervision« umfasst eine Anzahl von Funktionen, die sich mit der Kontrolle, Entwicklung und Unterstützung von Individuen in ihrer Beraterrolle befassen. (Dieser Prozess nennt sich gelegentlich »Non-Manager-Supervision« oder »Beratende Unterstützung.«)
1.3 Um dies zu erzielen, beschäftigt sich Supervision mit:
- Der Beziehung zwischen Berater und Klient, um den therapeutischen Effekt zu erhöhen.
- Der Kontrolle und Unterstützung des Beraters in seiner Beraterrolle.

- Dem Verhältnis zwischen Berater und Supervisor, um den Berater zu befähigen, seine professionelle Identität durch Reflexion seiner Arbeit im Kontext dieser Beziehung zu hinterfragen und zu unterstützen.
- Die Beziehung zwischen Berater, Klient und Supervisor sowie der dazugehörenden Organisation zu klären.
- Die Sicherung der ethischen Standards während der ganzen Beratertätigkeit.

1.4 Supervision ist daher nicht primär beschäftigt mit:
- Ausbildung
- Persönlicher Beratung des Beraters
- Fachaufsicht

Diese Fertigkeiten sind jedoch zentral für kompetente Supervision.

1.5 Die supervisorische Beziehung muss ihrer Natur nach vertraulich sein.

1.6 Ein Berater sollte nicht ohne regelmäßige Supervision tätig sein.

B.2 Verantwortungsbereiche

2.1 Vorausschickend gehen wir davon aus, dass das Hauptziel der Supervision die Sicherung der Klientenbedürfnisse durch den Berater ist:
- Berater sind für ihre Arbeit mit dem Klienten verantwortlich, wie auch die Vorstellung und Erforschung dieser Arbeit so ehrlich wie möglich mit dem Supervisor erfolgen soll.
- Supervisoren sind dafür verantwortlich, Beratern bei der kritischen Reflexion ihrer Arbeit zu helfen.

Es ist wichtig, dass beide Parteien fähig sind, wirklich zusammenzuarbeiten (s. C.2.1 bis C.2.4)

2.2 Supervisoren sind dafür verantwortlich, dass Berater die Supervisionszeit so effektiv wie möglich nutzen.

2.3 Supervisoren und Berater sind beide verantwortlich dafür, klare Grenzen zwischen der Arbeitsbeziehung und Freundschaften oder anderweitigen Beziehungen zu setzen sowie die Grenzen zwischen Supervision, Konsultation, Therapie und Ausbildung deutlich zu machen.

2.4 Supervisoren und Berater müssen Supervision und die Beratung des Beraters trennen. Normalerweise sollte es hier zu keiner Vermischung kommen. In den seltenen Fällen, dass ein Supervisor dem Berater Beratung gibt, sollte ein eindeutiger Kontrakt ausgehandelt werden und die Beratungszeit sollte nicht auf Kosten der Supervisionszeit gehen.

2.5 Supervisoren sind verantwortlich für die Beachtung der Prinzipien, verkörpert in diesem Kodex für die Ethik und Praxis der Supervision der Berater und dem Kodex von Ethik und Praxis für Berater.

2.6 Supervisoren müssen den Wert und die Würde der Berater als Menschen anerkennen, unabhängig von Herkunft, Status, Geschlecht, sexueller Orientierung, Alter, Glauben oder Leistungen für die Gesellschaft.

2.7 Supervisoren sind für die Ermutigung und Anregung zur Selbstverwirklichung von anderen verantwortlich, während sie gleichzeitig klare Arbeitsabkommen über die Eigenverantwortlichkeit der Berater für kontinuierliche Weiterbildung und Selbstkontrolle aushandeln.

2.8 Beide sind verantwortlich für regelmäßige Auswertungssitzungen über die Effektivität der Supervision und das Nachdenken über angemessene Änderungen.

2.9 Supervisoren sind verantwortlich, die Befriedigung ihrer eigenen Bedürfnisse nicht von der Supervisionsbeziehung abhängig zu machen und die Beziehung nicht auszubeuten.

2.10 Der Supervisor und der Berater sollten sich beide ihrer gegenseitigen Verpflichtung bewusst sein sowie gegenüber der beschäftigenden Organisation und dem Klienten.

B.3 Kompetenzbereiche

3.1 Supervisoren sollten kontinuierlich ihre eigene professionelle Weiterentwicklung betreiben und möglichst spezifische Kurse zur Verbesserung ihrer supervisorischen Fähigkeiten belegen.

3.2 Supervisoren müssen ihre eigene Arbeit kontrollieren und darauf vorbereitet sein, sie vor ihren Beratern und Kollegen zu vertreten.

3.3 Supervisoren müssen die Grenzen ihrer Kompetenzen kontrollieren.

3.4 Supervisoren wird empfohlen, sich selbst supervisieren zu lassen, um ihre eigene Arbeit besser zu evaluieren.

3.5 Supervisoren sind dafür verantwortlich, ihre Wirksamkeit zu überprüfen und zu erhalten. Wenn es notwendig ist, sollen sie entweder Hilfe in Anspruch nehmen oder sich aus der Praxis der Supervision zeitweise oder dauerhaft zurückziehen.

3.6 Berater sollten sich über die Bedeutung im Klaren sein, die sich aus der Auswahl eines Supervisors ergibt, der nicht als praktizierender Berater tätig ist. Dies gilt besonders für unerfahrene Berater.

C Praxiskodex

C.1 Einführung

Dieser Praxiskodex soll spezifische Informationen und Orientierung für die Anwendung der Prinzipien geben, die im Ethikkodex für die Supervision von Beratern aufgeführt sind.

C.2 Das Management der Supervisionsarbeit

Um einen wirksamen Supervisionskontrakt herzustellen, müssen folgende Punkte beachtet werden:

2.1 Supervisoren sollen in angemessener Form über ihre eigene Ausbildung, Philosophie und theoretischen Ansatz informieren und über ihre Qualifikationen und die von ihnen angewandten Methoden.

2.2 Supervisoren sollen explizit die praktischen Bedingungen der Supervision klären, besonders die Dauer der Sitzungen, deren Häufigkeit und die Störungsfreiheit des Treffpunktes.

2.3 Die Höhe des Honorars ist vorab zu klären.

2.4 Supervisoren und Berater sollen ihre gegenseitigen Erwartungen und Bedingungen klären und beide sollen den Wert der Zusammenarbeit einschätzen.

2.5 Vor Kontraktabschluss sollen Supervisoren klären, ob der Berater sich früher in therapeutischer Behandlung befand oder sich aktuell in therapeutischer Behandlung befindet, um Effekte, die sich daraus in der Arbeit des Beraters ergeben, berücksichtigen zu können.

2.6 Wenn sich im Laufe der Supervision herausstellt, dass für den Berater eine Beratung oder Therapie hilfreich wäre, sollte der Supervisor dies mit dem Berater besprechen und, sofern es angemessen ist, eine Empfehlung für eine dritte Person oder Einrichtung geben.

2.7 Supervisoren sollen dafür sorgen, dass die Berater regelmäßig ihre Erfahrungen mit der Supervision besprechen und evaluieren.

2.8 Supervisoren sollen regelmäßig besprechen, wie der Berater an Selbsteinschätzung und Selbstevaluation seiner Arbeit arbeitet.

2.9 Supervisoren sollen sicherstellen, dass die Berater die Wichtigkeit beruflicher Fortbildung verstehen und die professionelle Entwicklung der Berater auf diesem Weg unterstützen.

2.10 Supervisoren müssen dafür sorgen, dass Berater sich die Unterschiede zwischen Beratung, Verantwortlichkeit gegenüber der Leitung, Konsultation, Unterstützung, Supervision und Ausbildung bewusst machen.

2.11 Wenn Fachaufsicht und Supervision der Berater innerhalb einer Organisation oder Beratungsstelle unterschieden werden, müssen die Art der Verantwortung und Rechenschaftspflicht gegenüber der Institution klar definiert werden zwischen: Berater und Klient; Supervisor und Berater; Organisation und Klient; Organisation und Supervisor; Organisation und Berater; Supervisor und Klient.

2.12 Supervisoren, die einen Konflikt zwischen ihrer Verantwortung dem Berater und der Organisation gegenüber wahrnehmen, müssen dem Berater die Art dieser Loyalitäten und Verantwortungen erklären.

2.13 Wenn persönliche Unstimmigkeiten zwischen Supervisor und Berater nicht durch Gespräch geklärt und einer Lösung zugeführt werden können, soll sich der Supervisor mit einem Professionskollegen beraten und, sofern dies angemessen erscheint, den Berater an einen anderen Supervisor verweisen.

2.14 Zusätzlich zur routinemäßigen Selbstkontrolle der Arbeit sind Supervisoren streng angehalten, ihre Arbeit regelmäßig durch einen erfahrenen Kollegen evaluieren zu lassen.

2.15 Supervisoren sollen, wann immer möglich, relevante Fortbildungsmöglichkeiten wahrnehmen.

2.16 Supervisoren sollen sich der Grenzen ihrer eigenen Kompetenz bewusst sein und nötigenfalls Berater an kompetente Kollegen weiterempfehlen.

C.3 Schweigepflicht

3.1 Grundsätzlich müssen Supervisoren Informationen über Berater oder Klienten vertraulich behandeln, Ausnahmen sind unter C.3.2, C.3.3 und C.3.4 genannt.

3.2 Supervisoren dürfen keine persönlichen Informationen über Berater oder Klienten einer anderen Person oder irgendeinem öffentlichen Medium mitteilen, außer wenn

- dies im Kontrakt eindeutig festgehalten und von beiden Parteien akzeptiert wurde oder
- wenn der Supervisor es für notwendig erachtet, um emotionalen oder physischen Schaden vom Klienten abzuwenden.

Schon bei der Entwicklung des Kontraktes muss Einigkeit erzielt werden, mit welchen Personen der Supervisor über die Supervisionsinhalte sprechen darf, worin jene eingeschlossen sind, auf die er mit Bericht, Kontrollsupervision oder Konsultation angewiesen ist. Schon in diesem Stadium muss Klarheit herrschen über die Grenzen der Verschwiegenheit gegenüber vertrauenswürdig einzuschätzenden Menschen, denen der Supervisor zu Rechenschaft verpflichtet ist.

3.3 Die Schweigepflicht schließt die Bekanntgabe vertraulicher Informationen über Berater in folgenden Fällen nicht aus:

- Empfehlungen über den Berater für professionelle Zwecke.
- Verfolgung von Disziplinarverfahren bei Verletzung ethischer Standards, in die der Berater verwickelt ist.

3.4 Informationen über einzelne Berater dürfen für eine Veröffentlichung in Fachzeitschriften oder Tagungen nur mit Zustimmung des Beraters und wenn dieser durch Anonymisierung geschützt ist, benutzt werden.

3.5 Diskussion von Supervisoren mit professionellen Kollegen über Berater sollten sinnvoll und nicht trivial sein.

D Anhang

D.1 Modelle von Supervision

1.1 Es existieren verschiedene Modelle von Supervison. Dieser Anhang beschreibt die wesentlichen Anteile einiger dieser Modelle.

1.2 Eins-zu-Eins: Einzelsupervision:
Ein Supervisor erteilt einem Berater Einzelsupervision, der üblicherweise

nicht so beratungserfahren wie der Supervisor ist. Diese Supervisionsmethode wird am häufigsten angewandt. Aufgrund ihrer langen Geschichte als ältester Supervisionsmethode ist in ihrer Tradition das Verständnis für vertrauensbedürftige Fragestellungen zwischen Supervisor und Berater am weitesten entwickelt worden, wie auch im vorstehenden Praxiskodex erwähnt.

1.3 Eins-zu-Eins: Kosupervision:
Zwei Teilnehmer geben sich gegenseitig Supervision, wobei sie die Rollen von Supervisor und Berater tauschen. Typischerweise steht ihnen die verfügbare Zeit der Supervisionssitzung zu gleichen Teilen zur Verfügung.

1.4 Gruppensupervision mit anerkanntem Supervisor/Supervisoren:
Diese Form von Supervision kann auf vielerlei Weise erfolgen. An dem einen Ende des Spektrums agiert der Supervisor als Leiter, hat Verantwortung für die Zeitaufteilung zwischen den Beratern und konzentriert sich reihum auf die Arbeit der einzelnen Berater. Am anderen Ende des Spektrums teilen die Berater autonom die Zeit und Arbeit unter sich auf und gebrauchen den Supervisor eher als technische Ressource. Zwischen diesen Alternativen gibt es viele verschiedene Arbeitsformen.

1.5 Peergruppensupervision[1]:
Damit ist eine Supervisionsgruppe von drei oder mehr Beratern gemeint, die sich die Verantwortung für gegenseitige Supervision im Gruppenzusammenhang teilen. Typischerweise verfügen Sie über den etwa gleichen Status, gleichen Ausbildungsstand und/oder Erfahrung.

1.6 Eklektische Supervisionsmethoden:
Einige Berater kombinieren die vorstehenden Modelle für ihre Supervision.

D.2 Punkte, die zusätzlich zu berücksichtigen sind

2.1 Bestimmte Modelle benötigen eine Berücksichtigung nachfolgender Punkte, die auch dem Praxiskodex hinzuzufügen sind:

Supervisionstypen		**Berücksichtigungspunkte** (siehe nachfolgend)							
		2	3	4	5	6	7	8	9
1.2	Eins-zu-Eins: Einzelsupervision	x							
1.3	Eins-zu-Eins: Kosupervision	x	x	x	x				
1.4	Gruppensupervision mit anerkanntem Supervisor/Supervisoren	x	x	x	x	x			
1.5	Peergruppensupervision	x	x	x	x	–	x	x	x
1.6	Eklektische Supervisionsmethoden	Alle relevanten Punkte							

1 In Deutschland üblicherweise Kollegialberatung und neuerdings Intervision genannt.

Erläuterung der Spalte »Berücksichtigungspunkte« vorstehender Tabelle:

2	Enthält alle Inhaltspunkte, die der Praxiskodex erwähnt
3	Jeder Berater sollte ausreichend Zeit haben, damit die adäquate Supervision der Beratungstätigkeit gewährleistet ist
4	Diese Methode ist wahrscheinlich nicht für Berufsanfänger und unerfahrene Berater geeignet, weil gerade hier die Beratungserfahrung der Supervisoren wichtig ist
5	Benötigt eine sorgfältig entwickelte Atmosphäre, die das gegenseitige Mitteilen, das Fragen und das kritische Herausfordern gegenüber der Praxis eines jeden Gruppenmitglieds konstruktiv ermöglicht
6	Über ihre Erfahrung in Beratungstätigkeit hinaus müssen die Supervisoren über geeignete Erfahrungen in der Gruppenarbeit verfügen, um diese Art von Gruppe zu fördern
7	Alle Teilnehmer sollten über angemessene Erfahrungen mit Gruppenarbeit verfügen, um den Gruppenprozess für eine effektive Supervision zu fördern
8	Es muss explizit entschieden werden, wer für die Supervision verantwortlich ist und wie diese Aufgabe ausgeführt werden soll
9	Es ist wünschenswert, dass diese Gruppen von Zeit zu Zeit einen Konsultator in Anspruch nehmen, um den Gruppenprozess zu beobachten und die Qualität der Supervision zu überprüfen

Abgedruckt mit Erlaubnis der British Association for Counselling, 1988. Veränderungen werden bei den jährlichen Mitgliederversammlungen beschlossen.

Anlage 3: Therapeutenziele[1]

- *Grenzen setzen oder Arrangements treffen:* Strukturieren, Ziele und Sinn der Behandlung feststellen, Methoden zur Zielerreichung skizzieren, Korrektur der Erwartungen über die Behandlung oder Festlegung der Regeln oder Faktoren der Arbeitsbeziehung (z.B. Zeit, Dauer, Kosten, Terminabsagen, Hausaufgaben, Inhalt usw.).
- *Informationen sammeln:* Spezifische Tatsachen über die anstehende Geschichte herausfinden, Klientenverhalten, zukünftige Pläne usw.
- *Informationen geben:* Unterrichten, Fakten vermitteln, falsche Wahrnehmungen bzw. Falschinformationen korrigieren, Gründe für Vorgehensweise oder Verhalten des Therapeuten angeben.
- *Beziehung unterstützen und aufbauen:* Eine warme, unterstützende, empathische Umgebung herstellen; Vertrauen und Beziehung verstärken und aufbauen, damit sich der Klient akzeptiert, verstanden, unterstützt, beruhigt, bestätigt und weniger ängstlich fühlen kann: eine persönliche Beziehung herstellen.
- *Fokussieren:* Dem Klienten helfen zu fokussieren, wieder in die Spur zu kommen, das Thema zu wechseln, das Gespräch kanalisieren oder strukturieren, wenn er/sie nicht anfangen kann oder zu diffus, zu weitschweifig ist oder vom Thema abweicht.
- *Klären:* Für mehr Ausführlichkeit, Nachdruck oder Spezifikation sorgen oder darauf dringen, wenn Klient oder Therapeut zu vage, unvollständig, verwirrend, widersprüchlich oder akustisch unverständlich ist.
- *Hoffnung wecken:* Die Erwartung vermitteln, dass Veränderung möglich und wahrscheinlich ist; dass der Therapeut dem Klienten helfen kann; die Moral wiederherstellen; das Selbstbewusstsein aufbauen, um Veränderungen herbeizuführen.
- *Spannungen und unglückliche Gefühle vermindern:* Dem Klienten die Chance zur Katharsis, zum Loslassen, zum Durchsprechen von Problemen und Gefühlen geben.
- *Falsche Denkmuster identifizieren:* Auf unlogische oder irrationale Gedanken oder Standpunkte hinweisen (z.B. »Ich muss perfekt sein« usw.).
- *Falsche Handlungsmuster identifizieren:* Feedback über unangemessenes Verhalten des Klienten und/oder dessen Konsequenzen geben; eine Verhaltensanalyse erstellen; auf Spiele hinweisen.
- *Ein Gefühl für Selbstkontrolle wecken:* Dem Klienten helfen, einen Sinn für Beherrschung oder Kontrolle über seine/ihre eigenen Gedanken, Gefühle, Verhaltensweisen oder Impulse zu haben oder zu erreichen; helfen, in Übernahme der Verantwortung für die eigene Rolle mehr Angemessenes zu internalisieren, statt Unangemessenes zu externalisieren.

1 Aus: Hill/o'Grady (1985). Abgedruckt mit Erlaubnis der American Psychological Association.

- *Gefühle identifizieren, intensivieren und/oder zum Akzeptieren von Gefühlen befähigen:* Den Klienten ermutigen oder provozieren, seine Aufmerksamkeit auf Gefühle zu richten und/oder unterlegene oder verborgene Gefühle oder Affekte bewusst zu machen oder tiefer zu empfinden.
- *Einsicht anregen:* Verständnis für tiefer liegende Gründe, Dynamiken, Vermutungen oder unbewusste Motivationen für Erkenntnisse, Verhalten, Meinungen oder Gefühle herstellen. Kann auch ein Verstehen der Klientenreaktionen auf das Verhalten anderer einschließen.
- *Mehr angemessene Verhaltensweisen und Erkenntnisse aufbauen:* Helfen, neue und angemessenere Fertigkeiten, Verhaltensweisen oder Einsichten erlernen, um sich neue Umgangsformen mit sich selbst und anderen einzuprägen. Einrichtung neuer angepassterer Denkmodelle, Systeme, Erklärungen oder Konzepte. Therapeuteneinschätzungen und -meinungen über das Funktionieren des Klienten können dem Klienten helfen, ein neues Selbstbild zu gewinnen.
- *Veränderungsversuche verstärken:* Positive Unterstützung bei Verhaltens-, Erkenntnis- oder Affektveränderungen geben, um die Wahrscheinlichkeit zu verstärken, dass die Veränderungen dauerhaft erhalten werden; zu Risikobereitschaft und neuen Verhaltensweisen ermutigen.
- *Hindernisse überwinden, um sich zu verändern:* Mangel an Fortschritt, Widerstand oder Unfähigkeit, therapeutische Verfahrensweisen einzuhalten, vergangene oder mögliche Gefahren künftigen Rückfalls analysieren.
- *Herausfordern:* Den Klienten aus dem gegenwärtigen Zustand aufrütteln; aktuelle Meinungen und Gefühle in Frage stellen; Wahrheitsgehalt, Angemessenheit, Realität oder Eignung von Meinungen, Gedanken, Gefühlen, und Verhaltensweisen überprüfen, um dem Klienten zu helfen, die Notwendigkeit alter Verhaltensmuster in Frage zu stellen.
- *Probleme in der therapeutischen Beziehung lösen:* Mit auftauchenden Konflikten in der Beziehung umgehen, um eine ruhige Arbeitsbeziehung aufzubauen oder zu erhalten; Brüche im Arbeitsbündnis heilen; mit Abhängigkeitsproblemen als Entwicklungsstadien umgehen; Verzerrungen im Klientendenken über die Beziehung aufdecken und auflösen, die auf früheren Erfahrungen, statt auf der aktuellen Realität basieren.
- *Entlastung des Therapeuten:* Den Therapeuten schützen oder verteidigen; auf seine Bedürfnisse achten; Angst vermindern; auf Kosten des Klienten nicht übermäßig eingebildet sein, sich nicht streiten, sich nicht gut oder besser als der Klient empfinden.

Anlage 4: Supervisorenkompetenzen[1]

Supervisorische Kompetenzen		Braucht Entwicklung				Können
I Begriffliche Fertigkeiten und Wissen						
A Allgemeine Fertigkeiten Der Supervisor verfügt über Wissen und begriffliches Verständnis für Folgendes:						
1	Methodologie von Supervision einschließlich	1	2	3	4	5
	Prozessförderung (Konsultation, Beratung, Bildung oder Ausbildung und Auswertung)	1	2	3	4	5
	Grundansätze (z.B. psychotherapeutisch, verhaltenstherapeutisch, integrativ, systemisch, entwicklungsorientiert)	1	2	3	4	5
2	Eine Definition oder Erklärung von Supervision	1	2	3	4	5
3	Vielfalt der Settings von Supervision für Berater	1	2	3	4	5
4	Rollen und Aufgaben des Beraters in spezifischen Arbeitssituationen	1	2	3	4	5
5	Entwicklungsdimension der Supervison	1	2	3	4	5
6	Angemessene supervisorische Interventionen wie:	1	2	3	4	5
	– Rollenspiel	1	2	3	4	5
	– Rollentausch	1	2	3	4	5
	– Live-Beobachtung und Live-Supervision	1	2	3	4	5
	– Besprechung von Ton- und Videobändern	1	2	3	4	5
	– Direkte Vorschläge und Ratschläge anbieten	1	2	3	4	5
	– Gruppen von zwei oder mehr Supervisanden leiten	1	2	3	4	5
	– Didaktische Erfahrungen anbieten	1	2	3	4	5
	– Mikrotraining	1	2	3	4	5
	– IPR	1	2	3	4	5
	– Anderes	1	2	3	4	5
7	Beglaubigung von Standards für Berater	1	2	3	4	5
8	Ethische Praxis der Berater	1	2	3	4	5
9	Verschiedene Beratungstheorien	1	2	3	4	5
10	Eigene Beratungstheorie	1	2	3	4	5

1 Aus: Borders/Leddick (1987); beschlossen durch die »Association for Counsellor Education and Supervision – ACES Supervision Interest Network« (C.E. Van Zandt, Vorsitzender) auf dem AACD-Kongress in New York, 2. April 1985.

Supervisorische Kompetenzen		Braucht Entwicklung				Können
11	Eigene Annahmen über menschliches Verhalten	1	2	3	4	5
12	Supervisionsmodelle	1	2	3	4	5
13	Bedeutung der Verantwortung des Supervisors und sein verantwortungsvoller Umgang mit deren Entwicklung	1	2	3	4	5
14	Menschliches Wachstum und Entwicklung	1	2	3	4	5
15	Motivations- und Bedürfnistheorie	1	2	3	4	5
16	Lerntheorie	1	2	3	4	5
17	Ressourcen und Informationen, die Programmziele und Klientenbedürfnisse fördern	1	2	3	4	5
B Supervision praktizierender Berater Der Supervisor verfügt über Wissen und begriffliches Verständnis für Folgendes:						
18	Berücksichtigung juristischer Fragen der Beraterpraxis	1	2	3	4	5
19	Verschiedene Interventionen und Strategien, welche die Ziele der Beraterausbildung ergänzen	1	2	3	4	5
C Supervision von Beratern in der Ausbildung (enthalten in: A Allgemeine Fertigkeiten)						
D Managementsupervision Der Supervisor verfügt über Wissen und begriffliches Verständnis für Folgendes:						
20	Eigene grundlegende Managementtheorie	1	2	3	4	5
21	Verschiedene Modelle für Programmentwicklung	1	2	3	4	5
22	Entscheidungstheorien	1	2	3	4	5
23	Organisationsentwicklungstheorien	1	2	3	4	5
24	Konfliktlösungstechniken	1	2	3	4	5
25	Führungsstile	1	2	3	4	5
26	Computerisierte Informationssysteme	1	2	3	4	5
27	Zeitmanagementtechniken	1	2	3	4	5

Supervisorische Kompetenzen		Braucht Entwicklung				Können
II Direkte Interventionsfähigkeit						
A Allgemeine Fertigkeiten Der Supervisior beherrscht Interventionstechniken folgender Art:						
1	Herstellung von Strukturen für Supervisionen einschließlich:					
	– Zweck der Supervision formulieren	1	2	3	4	5
	– Ziele und Richtung der Supervision klären	1	2	3	4	5
	– Die eigene Rolle in der Supervision klären	1	2	3	4	5
	– Die Vorgehensweisen in der Supervision klären	1	2	3	4	5
2	Feststellen der Lernbedürfnisse des Supervisanden	1	2	3	4	5
3	Umfang der Entwicklung und Anwendung der eigenen Beratungstheorie bestimmen	1	2	3	4	5
4	Erteilung spezifischen Feedbacks an die Supervisanden					
	– zu gedanklicher Klärung der Klienteninteressen	1	2	3	4	5
	– zum Beratungsprozess	1	2	3	4	5
	– zur Verkörperung von Beratung	1	2	3	4	5
	– zum Praktizieren verwandter Arbeitsweisen	1	2	3	4	5
5	Implementation unterschiedlicher supervisorischer Interventionen (s. I Begriffliche Fertigkeiten und Wissen)	1	2	3	4	5
6	Aushandlung gemeinsamer Entscheidungen bzgl. der benötigten Richtung der Lernerfahrungen für den Supervisanden	1	2	3	4	5
7	Gebrauch unterstützender Medien zur Förderung der Supervision	1	2	3	4	5
8	Entwicklung von Auswertungsverfahren und Instrumenten zur Feststellung des Programms und der Zielerreichung des Supervisanden	1	2	3	4	5
9	Kontrolle des Einsatzes von Tests und deren Interpretation	1	2	3	4	5
10	Hinweis auf den Übertragungsprozess, wenn es angebracht ist	1	2	3	4	5
11	Förderung und Beobachtung der Forschung zur Feststellung der Effektivität der Programme, Dienste und Techniken	1	2	3	4	5

Supervisorische Kompetenzen		Braucht Entwicklung				Können
B Managementsupervision Der Supervisor beherrscht folgende Interventionstechniken:						
12	Entwicklung von Rollenbeschreibungen für sämtliche Mitarbeiterpositionen	1	2	3	4	5
13	Leitung einer Bedarfsklärung	1	2	3	4	5
14	Fixieren von Zielen und Teilzielen	1	2	3	4	5
15	Überwachung des Fortschritts der Programmumsetzung	1	2	3	4	5
16	Überwachung des Fortschritts der Mitarbeiterverantwortung	1	2	3	4	5
17	Anwendung von Techniken zur Entscheidungsfindung	1	2	3	4	5
18	Anwendung von Techniken zur Problemlösung	1	2	3	4	5
19	Leitung und Koordination von Personalentwicklungstraining	1	2	3	4	5
20	Einführung von Management-Informationssystemen	1	2	3	4	5
21	Einsatz von Gruppenmanagementstrategien	1	2	3	4	5
22	Herstellung von Übereinstimmung zwischen Arbeitsplänen und Zeitbudgets mit den Bedürfnissen der Supervisanden und den Notwendigkeiten des Programms	1	2	3	4	5
23	Führung geeigneter Aufzeichnungen zur Unterstützung der supervisorischen Pflichten	1	2	3	4	5
24	Überprüfung der Fähigkeiten des Supervisanden, Berichte und Aufzeichnungen anzufertigen	1	2	3	4	5
25	Organisatorische Probleme diagnostizieren	1	2	3	4	5
26	Einsatz systematischer Beobachtungstechniken	1	2	3	4	5
27	Planung und Verwaltung eines Budgets	1	2	3	4	5
28	Leitung von Folgestudien und Anwendung von Forschung	1	2	3	4	5
29	Konzept gleichmäßiger und qualitätsvoller Personaleinstellungen und dessen positive Umsetzung	1	2	3	4	5
30	Delegation von Verantwortung	1	2	3	4	5

Supervisorische Kompetenzen		Braucht Entwicklung				Können
III Persönliche Fertigkeiten						
A Allgemeine Fertigkeiten Der Supervisior kann folgende interaktive Fertigkeiten supervisorisch anwenden:						
1	Umgang mit dem Supervisanden aus der Perspektive des:					
	– Lehrers	1	2	3	4	5
	– Beraters	1	2	3	4	5
	– Konsultators	1	2	3	4	5
	– Auswerters	1	2	3	4	5
2	Beschreibung der eigenen Muster des Umgangs mit interpersonellen Beziehungen	1	2	3	4	5
3	Integration des Wissens über Supervision mit dem eigenem Stil interpersoneller Beziehungen	1	2	3	4	5
4	Herstellung fördernder Bedingungen (Empathie, Konkretheit, Respekt, Kongruenz, Echtheit und Unmittelbarkeit)	1	2	3	4	5
5	Herstellung einer gegenseitig vertrauensvollen Beziehung mit dem Supervisanden	1	2	3	4	5
6	Herstellung einer therapeutischen Beziehung, wenn es angebracht ist	1	2	3	4	5
7	Identifikation der professionellen und persönlichen Stärken und Schwächen des Supervisanden	1	2	3	4	5
8	Klärung der persönlichen Bedürfnisse des Supervisanden (Verhaltenseigenarten, persönliche Krisen, Erscheinung usw.) sowie der professionellen Bedürfnisse, die Beratung beeinflussen	1	2	3	4	5
9	Klärung der Gefühle des Supervisanden während Supervisions- oder Konsultationssitzungen	1	2	3	4	5
10	Klärung der Supervisandenwahrnehmung zur Beratungsdynamik	1	2	3	4	5
11	Konfrontation des Supervisanden mit Widersprüchen	1	2	3	4	5
12	Evokation neuer Alternativen des Supervisanden zum Identifizieren von Lösungen, Techniken, Antworten usw.	1	2	3	4	5
13	Demonstration von Fertigkeiten in der Anwendung von Beratertechniken (für Individuen und Gruppen), die der Arbeitssituation angemessen sind	1	2	3	4	5

Supervisorische Kompetenzen		Braucht Entwicklung				Können
14	Unterstützung des Supervisanden bei seiner Selbstsupervision	1	2	3	4	5
15	Handhabung der Selbstevaluation als Hilfsmittel des Modellierens angemessenen professionellen Wachstums	1	2	3	4	5
16	Identifikation eigener Stärken und Schwächen als Supervisor	1	2	3	4	5
17	Vorbild für angemessene Verhaltenserwartungen des Supervisanden sein	1	2	3	4	5
18	Ethische/professionelle Standards darstellen und geltend machen	1	2	3	4	5
B Eigenschaften und Qualitäten Der Supervisor weist folgende Eigenschaften und Qualitäten auf:						
1	Zeigt sich der Rolle des Supervisors verpflichtet	1	2	3	4	5
2	Kann mit dem Autoritätsanteil der Rolle gut umgehen	1	2	3	4	5
3	Hat Sinn für Humor	1	2	3	4	5
4	Ist ermutigend, optimistisch und motivierend	1	2	3	4	5
5	Erwartet von Supervisanden, zu den Konsequenzen ihres Handelns zu stehen	1	2	3	4	5
6	Ist sensibel für individuelle Unterschiede	1	2	3	4	5
7	Ist sensibel für die Bedürfnisse des Supervisanden	1	2	3	4	5
8	Fühlt sich zur Entwicklung seiner Beratungs- und Supervisionsfertigkeiten verpflichtet	1	2	3	4	5
9	Versteht die Hilfe für den Klienten des Supervisanden als höchstes Ziel	1	2	3	4	5
10	Pflegt offene Kommunikation mit den Supervisanden	1	2	3	4	5
11	Überwacht den »Energielevel« der Supervisanden, um Anzeichen von »Burnout« für die Entwicklung möglicher Krisen zu identifizieren	1	2	3	4	5
12	Erkennt die eigenen Grenzen durch aufdeckende Selbstevaluation und Feedback von anderen	1	2	3	4	5
13	Genießt und schätzt die Rolle des Supervisors	1	2	3	4	5

Anlage 5: BAC-Anerkennungskriterien für Supervisoren[1]

Kriterien für die Anerkennung von Supervisioren

Voraussetzung für eine erfolgreiche Bewerbung sind folgende Merkmale:

- Besitzt als Berater die BAC-Akkreditierung oder erfüllt die BAC-Standards über Ausbildung und Berufserfahrung.
- Hat eine Supervisionsausbildung im Rahmen eines entsprechenden Kurses oder durch einen erfahrenen Supervisor absolviert.
- Hatte mindestens 100 Stunden Supervisionserfahrung während eines Zeitraumes von nicht weniger als zwei Jahren mit mindestens 4 Einzelsupervisanden und einer Gruppe.
- Verfügt über ein Verständnis von Supervision, das Ausbildung, Erfahrung und Praxis integriert. Theoretisches Wissen soll offensichtlich erkennbar sein.
- Nimmt regelmäßig Lehrsupervision[2] oder eine Kontrollgruppe für die eigene supervisorische Arbeit in Anspruch.
- Praktiziert in Übereinstimmung mit den BAC-Regeln zu Ethik und Praxis für die Supervision von Beratern und verpflichtet sich, weiterhin nach diesen Regeln zu arbeiten.
- Kann mit der triangulierten Beziehung speziell in der Beratungssupervision arbeiten.
- Ist gegenwärtig Einzelmitglied des BAC.

Bewerber müssen die Erfüllung der vorgenannten Kriterien in Form einer schriftlichen Bewerbung und der Präsentation einer Supervision, die sie mit einem Berater machen, nachweisen und an einem mündlichen Prüfungstag teilnehmen, der das Erteilen und Erhalten je einer Live-Supervion einschließt. Anschließend werden die schriftlichen Unterlagen und die Live-Supervisionen mit Sachverständigen diskutiert.
Die Sachverständigen achten auf die Übereinstimmung zwischen allen Teilen des Antrages und überprüfen, ob die vorgenannten Kriterien erfüllt sind.

Anerkennungsverfahren

Bewerber müssen folgende Materialien vorweisen:

- Ein ausgefülltes Antragsformular.

1 Abgedruckt mit Erlaubnis der British Association for Counselling, 1993.
2 Im Original »supervisory consultant.«

- Eine Präsentation eines Teiles ihrer Supervision, vorzugsweise von einem einzelnen Berater einschließlich der Reaktionen des Supervisanden. Dies kann in einer der folgenden Formen geschehen:
  - Ein schriftliches Wortprotokoll einer Supervisionssitzung mit Verlaufskommentar.
  - Ein Tonband (nicht länger als 45 Minuten) mit schriftlichem Verlaufskommentar.
  - Ein Videoband (nicht länger als 45 Minuten) mit schriftlichem Verlaufskommentar.
  - Eine schriftliche Darstellung ihrer Ziele und Methoden, einschließlich einer Darstellung ihres philosophischen und psychologischen Verständnisses von Supervision, normalerweise wird ein Umfang von ca. 1500–2000 Wörtern erwartet.

Der Verlauf der Anerkennung

- Die Bewerbung wird einschließlich des Kommentars des Lehrsupervisors/Supervisors mit den Sachverständigen erörtert. Alle Sachverständigen müssen Supervisoren sein, die vom BAC anerkannt sind.
- Die Bewerbung wird einem Sachverständigen zu einer Vorabbeurteilung des Materials zugeschickt. Wenn nach Meinung des Prüfers die Kriterien erfüllt sind, wird der Bewerber zur mündlichen Prüfung zugelassen. Dieser Zwischenbescheid garantiert NICHT die endgültige Zulassung. Bewerber, die die Zulassungsbedingungen nicht erfüllen, werden über die Diskrepanzen informiert und erhalten Hinweise darauf, was ergänzend erforderlich ist.
- Bei der mündlichen Prüfung nehmen die Bewerber an einer Live-Einschätzung ihrer Supervision teil und supervisieren sich, wenngleich nicht immer, gegenseitig. Es ist wichtig, darauf zu achten, dass alle Supervisanden erfahrene Berater sind. Bewerber sollten ein Stück aus ihrer laufenden Beratungstätigkeit mitbringen, um damit die Rolle des Supervisanden zu übernehmen, wenn ein anderer Supervisor geprüft wird. Bewerber werden dann vom Prüfer zu einer Besprechung gebeten, wo ihnen Gelegenheit gegeben wird, ihre Live-Präsentation und ihr weiteres Material zu besprechen.
- Die Live-Anteile werden unter zwei Gesichtspunkten geprüft, nämlich der Offenheit für das Erhalten von Supervision ebenso wie dem Erteilen derselben. Die mündlichen Anteile werden nicht höher gewichtet als die schriftlichen und die aufgezeichneten Materialien. Die Sachverständigen überprüfen die Übereinstimmung zwischen dem schriftlichen Material und der Live-Präsentation.
- Die Anerkennung gilt für 10 Jahre, nach dieser Zeit erhalten Sie eine Einladung zur Teilnahme an einem wie auch immer gearteten Verlängerungsverfahren, das in Arbeit ist.
- Bewerber dürfen erfahrene Kandidaten supervisieren, die eine andere Orientierung als sie selbst haben.

Literaturverzeichnis

Austin, K.M./Moline, M.E./Williams, G.T.: Confronting Malpractice. Legal and Ethical Dilemmas in Psychotherapy. Sage, Newbury Park/CA 1990.

BAC: The Recognition of Counsellor Training Courses. Rugby: British Association for Counselling 1990.

Back, K.W.: Beyond Words. The Story of Sensitivity Training and the Encounter Movement. Penguin, Baltimore/MA 1973.

Barkham, M.: Research in individual therapy. In: Dryden, W. (Hrsg.): Individual Therapy. A Handbook. Open University Press, Milton Keynes 1990.

Bayne, R.: Psychological type, conversations and counselling. In: Bayne, R./Nicolson, P. (Hrsg.): Counselling and Psychology for Health Professionals. Chapman and Hall, London 1993.

Bernard, J.M./Goodyear, R.K.: Fundamentals of Clinical Supervision. Allyn and Bacon, Boston/MA 1992.

Borders, L.D./Leddick, G.R.: Handbook of Counseling Supervision. Association for Counselor Education and Supervision, Alexandra/VA 1987.

Bordin, E.S.: A working alliance based model of supervision. In: The Counseling Psychologist, 11. Jg., 1/1983, S. 35–42.

BPS: Regulations for the Diploma in Counselling Psychology. British Psychological Society, Leicester 1993.

Bradley, L.J.: Counselor Supervision. Muncie, IN: Accelerated Development ^{2}1989.

Brammer, L.M./Wassmer, A.C.: Supervision in counseling and psychotherapy. In: Kurpius, D.J./Baker, R.D./Thomas, I.D. (Hrsg.): Supervision of Applied Training. Greenwood, Westport/CT 1988.

Budman, S.H./Hoyt, M.F./Friedman, S. (Hrsg.): The First Session in Brief Therapy. Guilford, New York 1992.

Burns, D.D.: Feeling Good. The New Mood Therapy. Signet, New York 1980.

Casement, P.: On Learning from the Patient. Tavistock, London 1985.

Cohen, L.: The new supervisee views supervision. In: Hess, A.K. (Hrsg.): Psychotherapy Supervision. Wiley, New York 1980.

Conn, J.D.: Delicate liasons: the impact of gender differences on the supervisory relationship within social services. In: Journal of Social Work Practice, 7. Jg., 1/1993, S. 41–53.

Covner, B.J.: Studies in phonographic recordings of verbal material. III. The completeness and accuracy of counseling interviews reports. In: Journal of General Psychology, 30/1944, S. 181–203.

Davenport, D.S.: Ethical and legal problems with client-centred supervision. In: Counselor Education and Supervision, 31. Jg., 4/1992. S. 227–231.

Davis, J.: Issues in the evaluation of counsellors by supervisors. In: Counselling, 69/1989, S. 31–37.

De Shazer, S.: Keys to Solution in Brief Therapy. Norton, New York 1985.

Doehrman, M.J.G.: Parallel processes in supervision and psychotherapy. In: Bulletin of the Menninger Clinic, 40/1976 (Teil 1).

Dryden, W.: Vived RET. Ruislip: Institute for RET 1982.

Dryden, W.: Dryden on Counselling. Band 3: Training and Supervision. Whurr, London 1991a.

Dryden, W. (Hrsg): The Essential Arnold Lazarus. Whurr, London 1991b.

Dryden, W.: A Dialogue with Arnold Lazarus. ›It Depends‹. Open University Press, Buckingham 1991c.

Dryden, W.: The Dryden Interviews. Dialogues on the Psychotherapeutic Process. Whurr, London 1992.

Dryden, W./Feltham, C.: Brief Counselling. A Practical Guide for Beginning Practitioners. Open University Press, Buckingham 1992. Deutsch: Psychologische Kurzberatung und Kurztherapie. Einführung in die praktischen Techniken. Ernst Reinhardt, München/Basel 1994.

Dryden, W./Feltham, C.: Developing Counsellor Training. Sage, London 1994a.

Dryden, W./Feltham, C.: Developing the Practice of Counselling. Sage, London 1994b.

Dryden, W./Spurling, L. (Hrsg.): On Becoming a Psychotherapist. Routledge, London 1989.

Dryden, W./Varma, V. (Hrsg.): Stresses of Counselling in Action. Sage, London 1994.

Egan, G.: The Skilled Helper. Brooks/Cole, Pacific Grove/CA ^{4}1990.

Egan, G.: Helfen durch Gespräch. Ein Trainingsbuch für helfende Berufe. Weinheim/Basel ^{3}1996 und 2001 (TB).

Feltham, C./Dryden, W.: Dictionary of Counselling. Whurr, London 1993.

Fisher, B.L.: Differences between supervision of beginning and advanced therapists. Hogan's hypothesis empirically revisted. In: The Clinical Supervisor, 7/1989, S. 57–74.

Frances, A./Sweeney, J./Clarkin, J.: Do psychotherapies have specific effects? In: American Journal of Psychotherapy, 39. Jg., 2/1985, S. 159–174.

Frank, J.D.: Persuasion and Healing. The Johns Hopkins University Press, Baltimore/MA 1973.

Friedlander, M.L./Siegel, S./Brenock, K.: Parallel processes in counseling and supervision. A case study. In: Journal of Counseling Psychology, 36/1989, S. 149–157.

Goldberg, C.: The Seasoned Psychotherapist. Norton, New York 1992.

Goldberg, D.A.: Process notes, audio and video tapes. Modes of presentation in psychotherapy training. In: The Clinical Supervisor, 3/1985, S. 3–13.

Goodyear, R.K./Robyak, J.E.: Psychological Reports, 51/1982, S. 978.

Guy, J.D.: The Personal Life of the Psychotherapist. Wiley, New York 1987.

Hallam, R.: Counselling for Anxiety Problems. Sage, London 1992.

Hart, G.M: The Process of Clinical Supervision. University Park Press, Baltimore/MA 1982.

Hawkins, P./Shohet, R.: Supervision in the Helping Professions. Open University Press, Milton Keynes 1989.

Hendriksen, J.: Intervision. Kollegiale Beratung in sozialer Arbeit und Schule. Beltz, Weinheim/Basel 2000.

Heron, J.: Helping the Client. Sage, London 1990.

Hess, A.K. (Hrsg.): Psychotherapy Supervision. Wiley, New York 1980.

Hess, A.K.: Growth in supervision. Stages of supervisee and supervisor development. In: Kaslow, F.W. (Hrsg.): Supervision and Training. Models, Dilemmas and Challenges. Haworth, New York 1986.

Hill, C.E./O'Grady, K.E.: List of therapist intentions illustrated in a case study and with therapists of varying theoretical orientations. In: Journal of Counseling Psychology, 32/1985, S. 3–22.

Hill, C.E./Helms, J.E./Spiegel, S.B./Tichenor, V.: Development of a system for categorizing client reactions to therapist interventions. In: Journal of Counseling Psychology, 35. Jg., 1/1988, S. 27–36.

Holloway, E.L.: Supervision. A way of teaching and learning. In: Brown, S.D./Lent, R.W. (Hrsg.): Handbook of Counseling Psychology. Wiley, New York ^{2}1992.

Hope, D.: The evaluation of counselling services and counsellors in the United States. In: Counselling, 69/1989, S. 19–25.

Horton, I.: Supervision. In: Bayne, R./Nicolson, P. (Hrsg.): Counselling and Psychology for Health Professionals. Chapman and Hall, London 1993.

Houston, G.: Supervision and Counselling. Rochester Foundation, London 1990.
Howard, A.: What, and why are we accrediting?. In: Counselling, 3. Jg., 3/1992, S. 171–173.
Howe, D.: The Consumers' View of Family Therapy. Gower, Aldershot 1989.
Inskipp, F./Proctor, B.: Being Supervised. Kassette 1: Principles of Counselling. Alexia Publications, St. Leonards-on-Sea 1989.
Ivey, A.E./Ivey, M.B./Simek-Downing, L.: Counseling and Psychotherapy: Integratings Skills, Theory and Practice. Prentice-Hall, Englewood Cliffs/NJ 21987.
Kadushin, A.: Games people play in supervision. In: Social Work, 13/1968, S. 23–32.
Kagan, N.: Influencing human interaction – eighteen years with IPR. In: Hess, A.K. (Hrsg.): Psychotherapy Supervision. Theory, Resarch and Practice. Wiley, New York 1980.
Kopp, S.: Back to One. Palo Alto, CA: Science and Behavior 1977.
Lambert, M.J./Shapiro, D.A./Bergin, A.E.: The effectiveness of psychotherapy. In: Garfield, S.L./ Bergin, A.E. (Hrsg.): Handbook of Psychotherapy and Behavior Change. Wiley, New York 31986.
Lazarus, A.A.: The Practice of Multimodal Therapy. The Johns Hopkins University Press, Baltimore/MA 1989.
Loganbill, C./Hardy, E./Delworth, U.: Supervision. A conceptual model. In: The Counseling Psychologist, 10. Jg., 1/1982, S. 3–42.
Lukas, S.: Where to Start and What to Say. An Assessment Handbook. Norton, New York 1993.
Masson, J.M.: Against Therapy. Atheneum, New York 1988.
Mattinson, J.: The Reflection Process in Casework Supervision. Institute of Marital Studies, London 1975.
Mearns, D.: The counsellor's experience of success. In: Mearns, D./Dryden, W. (Hrsg.): Experience of Counselling in Action. Sage, London 1990.
Mearns, D.: On being a supervisor. In: Dryden, W. /Thorne, B. (Hrsg.): Training and Supervision for Counselling in Action. Sage, London 1991.
Moore, J.: On being a supervisee. In: Dryden, W./Thorne, B. (Hrsg.): Training and Supervision for Counselling in Action. Sage, London 1991.
Muslin, H.L./Thurnblad, R.J./Meschel, G.: The fate of the clinical interview. An observational study. In: American Journal of Psychiatry, 138. Jg., 6/1981, S. 825–833.
Norcross, J.C./Guy, J.D.: Ten therapists. The process of becoming and being. In: Dryden, W./Spurling, L. (Hrsg.): On Becoming a Psychotherapist. Routledge, London 1989.
Park, J.: Shrinks. The Analysts Analyzed. Bloomsbury, London 1992.
Proctor, B.: Supervision. A co-operative exercise in accountability. In: Marken, M./Payne, M. (Hrsg.): Enabling and Ensuring. Supervision in Practice. National Youth Bureau, Leicester 1987.
Progoff, I.: At a Journal Workshop. Dialogue House, New York 1975.
Regan, A.M./Hill, C.E.: Investigation of what clients and counsellors do not say in brief therapy. In: Journal of Counseling Psychology, 39. Jg., 2/1992, S. 168–174.
Reising, G.N./Daniels, M.H.: A study of Hogan's model of counselor development and supervision. In: Journal of Counseling Psychology, 30/1983, S. 235–244.
Rioch, M.J.: The dilemmas of supervision in dynamic psychotherapy. In: Hess, A.K. (Hrsg.): Psychotherapy Supervision. Theory, Research and Practice. Wiley, New York 1980.
Robertiello, R.C./Schoenewolf, G.S.: 101 Common Therapeutic Blunders. Aronson, New York 1987.
Ronnestad, M.H./Skovholt, T.M.: Supervision of beginning and advanced graduate students of counseling and psychotherapy. In: Journal of Counseling and Development, 71/1993, S. 396–405.
Rusk, T. : Instead of Therapy. Hay House, Carson/CA 1991.
Russell, J.: Out of Bounds. Sexual Exploitation in Counselling and Therapy. Sage, London 1993.

Rutter, P.: Sex in the Forbidden Zone. Mandala, London 1990.
Ryle, G.: The Concept of Mind. Hutchinson, London 1949.
Samuels, A.: The Plural Psyche. Routledge, London 1989.
Sander, K.: Personzentrierte Beratung. Ein Arbeitsbuch für Ausbildung und Praxis. Beltz, Weinheim/Basel 1999.
Searles, H.F.: The informational value of the supervisor's emotional experience. In: Collected Papers on Schizophrenia and Related Subjects. Hogarth Press, London 1955.
Skovholt, T.M./Ronnestad, M.H.: The Evolving Professional Self. Stages and Themes in Therapist and Counselor Development. Wiley, New York 1992a.
Skovholt, T.M./Ronnestad, M.H.: Themes in therapist and counselor development. In: Journal of Counseling and Development, 70/1992b, S. 505–515.
Slovenko, R.: Legal issues in psychotherapy supervision. In: Hess, A.K. (Hrsg.): Psychotherapy Supervision: Theory, Research and Practice. Wiley, New York 1980.
Smith, D.L.: Hidden Conversations. An Introduction to Communicative Psychoanalysis. Routledge, London 1991.
Smith, M.L./Glass, G.C./Miller, T.I.: The Benefits of Psychotherapy. The Johns Hopkins University Press, Baltimore/MA 1980.
Stoltenberg, C.D./Delworth, U.: Supervising Counselors and Therapists. Jossey-Bass, San Francisco 1987.
Striano, J.: Can Psychotherapists Harm You? Professional Press, Santa Barbara/CA 1988.
Strozier, A.L./Kivlighan, D.M./Thoreson, R.W.: Supervisor intentions, supervisee reactions, and helpfulness: a case study of the process of supervision. In: Professional Psychology. Research and Practice, 24. Jg., 1/1993, S. 13–19.
Strupp, H.H./Hadley, S.W./Gomes-Schwartz, B.: Psychotherapy For Better or Worse. Aronson, New York 1977.
Thorne, B.: Beyond the core conditions. In: Dryden, W. (Hrsg.): Key Cases in Psychotherapy. Croom Helm, London 1987.
Vandecreek, L./Harrar, W.: The legal liability of supervisors. In: The Psychotherapy Bulletin, 23. Jg., 3/1988, S. 13–16.
Varah, C. (Hrsg.): The Samaritans. Befriending the Suicidal. Constable, London 1985.
Wampold, B.E./Poulin, K.L.: Counseling research methods: art and artifact. In: Brown, S.D./Lent, R.W. (Hrsg.): Handbook of Counseling Psychology. Wiley, New York ^{2}1992.
Wessler, R.L./Ellis, A.: Supervision in rational-emotive therapy. In: Hess, A.K. (Hrsg.): Psychotherapy Supervision. Theory, Research and Practice. Wiley, New York 1980.
Willi, J.: Die Zweierbeziehung. Rowohlt, Reinbek 1975.
Worthington, E.L.: Changes in supervision as counselors and supervisors gain experience. A review. In: Professional Psychology. Research and Practice, 18/1987, S. 189–208.